中华人民共和国
企业破产法

（实用版）

中国法制出版社
CHINA LEGAL PUBLISHING HOUSE

■实用版

编辑说明

运用法律维护权利和利益，是读者选购法律图书的主要目的。法律文本单行本提供最基本的法律依据，但单纯的法律文本中的有些概念、术语，读者不易理解；法律释义类图书有助于读者理解法律的本义，但又过于繁杂、冗长。"实用版"法律图书至今已行销多年，因其实用、易懂的优点，成为广大读者理解、掌握法律的首选工具。

"实用版系列"独具五重使用价值：

1. **专业出版**。中国法制出版社是中央级法律类图书专业出版社，是国家法律、行政法规文本的权威出版机构。

2. **法律文本规范**。法律条文利用了本社法律单行本的资源，与国家法律、行政法规标准文本完全一致，确保条文准确、权威。

3. **条文解读详致**。书中的【理解与适用】从庞杂的相互关联的法律条文以及全国人大常委会法制工作委员会等对条文的解读中精选、提炼而来；【典型案例指引】来自最高人民法院指导案例、公报、各高级人民法院判决书等，点出适用要点，展示解决法律问题的实例。

4. **附录实用**。书末收录经提炼的法律流程图、诉讼文书、办案常用数据等内容，帮助提高处理法律纠纷的效率。

5. **附赠电子版**。将与本分册主题相关、因篇幅所限而未收录的相关文件制作成电子版文件。扫一扫封底"法规编辑部"可免费获取。

需要说明的是,只有国家正式通过、颁布的法律文本才具有法律效力,书中【条文主旨】、【理解与适用】、【典型案例指引】、【实用附录】等内容,为编者方便读者阅读、理解而编写,仅供参考。

中国法制出版社

2024 年 8 月

《中华人民共和国企业破产法》理解与适用

《中华人民共和国企业破产法》（以下简称《企业破产法》）于 2006 年 8 月 27 日第十届全国人大常委会第 23 次会议审议并表决通过。作为我国市场经济体制改革过程中具有标志性的一部法律，该法从 1994 年开始起草，历时 12 年，经过多次修改，两年三次审议最终得以通过。

与 1986 年的《中华人民共和国企业破产法（试行）》（以下简称旧法）相比，2006 年修改的《企业破产法》亮点主要体现在以下几个方面。

第一，修改了关于破产原因的规定，打破了旧法对于不同性质的企业法人适用不同破产原因的格局，对所有的企业法人适用统一的破产原因。

第二，新增了关于金融机构破产的原则性规定。即中国金融监管机构可以根据情况向人民法院提出金融机构破产重整或者破产清算的申请，也可以向人民法院申请中止金融机构的破产程序。

第三，新增了关于域外效力的规定。主要表现在两个方面：(1) 依照《企业破产法》开始的破产程序，效力及于债务人在中华人民共和国境外的财产；(2) 对外国法院作出的发生法律效力的破产案件的判决、裁定，涉及债务人在中华人民共和国领域内的财产,申请或者请求人民法院承认和执行的,人民法院依照中华人民共和国缔结或者参加的国际条约,或者按照互惠原则进行审查,认为不违反中华人民共和国法律的基本原则,不损害国家主权、安全和社会公共利益,不损害中华人民共和国领域内债权人的合法权益的,裁定承认和执行。

第四,新增了管理人制度。旧法没有设立管理人制度,管理人的职权由清算组承担,这种规定造成了人民法院受理破产案件后到作出破产宣告之前这段时间债务人财产处于无人管理的空白状态,不利于债权人利益的保护。为了弥补上述不足,《企业破产法》增设了管理人制度,详细规定了管理人的各项内容。

第五,区别规定了破产申请受理前债务人行为的撤销制度和无效制度,将债务人的撤销行为从旧法的无效行为中独立出来。旧法没有区分破产申请受理前债务人行为的无效和撤销制度,同时对于破产程序中行为无效(撤销)的期间规定得太短,不利于保护债权人的利益。

第六,新增了债权人委员会制度。旧法仅规定了债权人会议是破产程序债权人的自治机关,没有规定债权人委员会制度。债权人会议是通过会议的召集、召开和与会债权人的表决来实现其决策和监督的职能,然而,由于债权人会议成员人数众多、分布广泛,难以甚至不能对破产程序过程进行事无巨细的监督和参与。因此,在债权人会议之外设置债权人委员会这样的常设性机构,以代行债权人会议的部分职能便成为必要。

第七,新增了重整制度。随着世界各国破产法的理念从以前的破产清算到现在的破产清算和破产预防并存的转化，旧法的整顿制度已经与我国现代破产法理念的形成相背离。为此，《企业破产法》专章设立了适用于所有企业法人的重整制度，并将其作为一个独立的破产预防程序。

第八，厘清了劳动债权和担保债权的关系，采取"新老划断"的立法安排。《企业破产法》实施后，破产人在该法公布之日前所欠职工的工资和医疗、伤残补助、抚恤费用，所欠的应当划入职工个人账户的基本养老保险、基本医疗保险费用，以及法律、行政法规规定应当支付给职工的补偿金，破产人无担保财产不足清偿上述劳动债权的，应当从有担保的财产中清偿；破产人在《企业破产法》公布后所欠的上述劳动债权，则不能优先于破产人的担保债权，只能从破产人的无担保财产中清偿。《企业破产法》的这一规定，既解决了历史遗留难题，又统一了立法指导思想，凸显了该法的立法宗旨。

目 录

中华人民共和国企业破产法

第一章　总　　则

2	第一条	【立法宗旨】
2	第二条	【适用范围与破产原因】
		[适用主体]
		[破产界限]
		[重整条件]
5	第三条	【破产案件的管辖】
		[企业破产案件的管辖]
6	第四条	【破产程序的法律适用】
6	第五条	【破产程序的域外效力】
		[对债务人境外财产的效力]
		[外国破产程序对债务人境内财产的效力]
8	第六条	【企业职工权益的保障与企业经营管理人员法律责任的追究】

第二章　申请和受理

8	第一节	申　　请
8	第七条	【申请主体】
		[破产申请]
		[破产申请的主体]

1

10	第 八 条	【破产申请书与证据】
		［债权人提出破产申请应提交的文件］
		［债务人提出破产申请应提交的文件］
12	第 九 条	【破产申请的撤回】
12	第二节 受 理	
12	第 十 条	【破产申请的受理】
		［债权人破产申请的受理］
13	第 十一 条	【裁定受理与债务人提交材料】
14	第 十二 条	【裁定不受理与驳回申请】
15	第 十三 条	【指定管理人】
		［管理人及其职责］
15	第 十四 条	【通知债权人与公告】
		［通知和公告］
16	第 十五 条	【债务人的有关人员的义务】
18	第 十六 条	【债务人个别清偿的无效】
19	第 十七 条	【债务人的债务人或者财产持有人的义务】
19	第 十八 条	【破产申请受理前成立的合同的继续履行与解除】
22	第 十九 条	【保全措施解除与执行程序中止】
		［保全措施解除］
		［执行程序中止］
22	第 二十 条	【民事诉讼或仲裁的中止与继续】
23	第二十一条	【债务人的民事诉讼的管辖】
		［破产程序中的专属管辖］

第三章 管理人

24	第二十二条	【管理人的指定与更换】
25	第二十三条	【管理人的义务】
25	第二十四条	【管理人的资格】
26	第二十五条	【管理人的职责】

    [接管债务人的财产、印章和账簿、文书等资料]

    [调查债务人财产状况，制作财产状况报告]

    [决定债务人的内部管理事务]

    [决定债务人的日常开支和其他必要开支]

    [在第一次债权人会议召开之前，决定继续或者停止债务人的营业]

    [管理和处分债务人的财产]

    [代表债务人参加诉讼、仲裁或者其他法律程序]

    [提议召开债权人会议]

30	第二十六条	【第一次债权人会议前管理人行为的许可】
30	第二十七条	【管理人的忠实义务】
31	第二十八条	【管理人聘任工作人员与管理人的报酬】
31	第二十九条	【管理人的辞职】

第四章 债务人财产

32	第 三 十 条	【债务人财产】
34	第三十一条	【受理破产申请前一年内行为的撤销】

    [破产撤销权]

35	第三十二条	【受理破产申请前六个月内行为的撤销】
36	第三十三条	【无效行为】

37	第三十四条	【追回因被撤销或无效行为取得的债务人的财产】
37	第三十五条	【债务人的出资人缴纳出资】
37	第三十六条	【管理人员非正常收入和财产的追回】
		[企业法人的财产与企业的董事、监事、高级管理人员的财产]
		[债务人的管理人员侵占企业财产时的处理]
39	第三十七条	【管理人取回质物、留置物】
40	第三十八条	【权利人财产的取回】
		[破产取回权]
		[一般破产取回权及其构成要件]
42	第三十九条	【在途运输标的物的取回与交付】
		[出卖人行使取回权的条件]
43	第四十条	【抵销权】
		[不得行使抵销权的情形]

第五章 破产费用和共益债务

45	第四十一条	【破产费用】
		[破产费用的范围]
46	第四十二条	【共益债务】
48	第四十三条	【破产费用和共益债务的清偿】
		[破产费用和共益债务的清偿]
		[比例清偿]

第六章 债权申报

50	第四十四条	【债权人依法定程序行使权利】

		[破产企业欠缴税款产生的滞纳金是否属于破产债权]
51	第四十五条	【债权申报期限】
51	第四十六条	【未到期的债权与附利息的债权的算定】
51	第四十七条	【附条件、附期限债权与未决债权的申报】
51	第四十八条	【申报债权的公示与异议】
		[劳动债权]
52	第四十九条	【申报债权的书面说明】
		[申报债权应提交的证据]
53	第五十条	【连带债权人申报债权】
53	第五十一条	【连带债务人申报债权】
		[将来求偿权]
		[保证人债权的申报]
54	第五十二条	【连带债务人的债权人申报债权】
55	第五十三条	【解除合同后对方当事人申报债权】
55	第五十四条	【受托人申报债权】
55	第五十五条	【票据付款人申报债权】
55	第五十六条	【补充申报债权】
56	第五十七条	【债权表】
56	第五十八条	【债权表的核查、确认与异议】

第七章 债权人会议

57	第一节 一般规定	
57	第五十九条	【债权人会议的组成】
		[债权人会议]
		[债权人会议表决权的限制情形]

5

58	第 六 十 条	【债权人会议主席】
58	第六十一条	【债权人会议的职权】
59	第六十二条	【债权人会议的召开】
59	第六十三条	【通知债权人】
60	第六十四条	【债权人会议的决议】
		[债权人会议决议的通过]
		[债权人会议决议的撤销]
61	第六十五条	【法院裁定事项】
61	第六十六条	【债权人申请复议】
		[破产程序的公平与效率]
62	第二节 债权人委员会	
62	第六十七条	【债权人委员会的组成】
63	第六十八条	【债权人委员会的职权】
63	第六十九条	【管理人行为的告知】

第八章 重 整

64	第一节 重整申请和重整期间	
64	第 七 十 条	【重整申请】
		[破产重整制度]
65	第七十一条	【裁定重整与公告】
		[重整申请的审查]
		[裁定重整并公告]
66	第七十二条	【重整期间】
66	第七十三条	【债务人自行管理与营业】
		[重整期间对债务人的行为限制]
67	第七十四条	【管理人管理与营业】

67	第七十五条　【重整期间担保权的行使与借款】
	[重整期间行使担保权]
	[重整期间债务人提供担保]
68	第七十六条　【重整期间的取回权】
	[取回权]
69	第七十七条　【重整期间对出资人收益分配与董事、监事、高级管理人员持股转让的限制】
70	第七十八条　【重整终止与破产宣告】
	[破产重整程序终止]
71	第二节　重整计划的制定和批准
71	第七十九条　【重整计划草案的提交期限】
71	第八十条　【重整计划草案的制作主体】
71	第八十一条　【重整计划草案的内容】
	[债务人的经营方案]
	[债权分类]
	[债权调整方案]
	[债权受偿方案]
	[重整计划的执行期限]
	[重整计划执行的监督期限]
	[有利于债务人重整的其他方案]
73	第八十二条　【债权分类与重整计划草案分组表决】
	[分组表决]
74	第八十三条　【不得减免的费用】
74	第八十四条　【重整计划草案的表决】
74	第八十五条　【出资人代表列席会议与出资人组表决】
75	第八十六条　【表决通过重整计划与重整程序终止】

75	第八十七条	【裁定批准重整计划与重整程序终止】
76	第八十八条	【终止重整和宣告破产】
77	第三节 重整计划的执行	
77	第八十九条	【重整计划的执行主体】
77	第 九 十 条	【重整计划执行的监督与报告】
		[重整计划执行监督]
78	第九十一条	【监督报告与监督期限的延长】
78	第九十二条	【重整计划的约束力】
79	第九十三条	【重整计划的终止】
		[申请重整计划终止执行的主体]
		[重整计划终止执行的原因]
		[重整计划终止执行的效力]
80	第九十四条	【重整计划减免的债务不再清偿】

第九章 和 解

80	第九十五条	【和解申请】
		[提出和解申请的主体]
		[提出和解申请的条件]
81	第九十六条	【裁定和解】
82	第九十七条	【通过和解协议】
82	第九十八条	【裁定认可和解协议并终止和解程序】
83	第九十九条	【和解协议的否决与宣告破产】
83	第 一 百 条	【和解协议的约束力】
84	第一百零一条	【不受和解协议影响的权利】
84	第一百零二条	【债务人履行和解协议】
84	第一百零三条	【和解协议无效与宣告破产】

		[和解协议无效的情形及其处理方式]
85	第一百零四条	【终止执行和解协议与宣告破产】
		[和解程序终止的条件]
		[和解程序终止的法律后果]
86	第一百零五条	【自行和解与破产程序终结】
87	第一百零六条	【因和解协议减免的债务不再清偿】

第十章 破产清算

87	第一节 破产宣告	
87	第一百零七条	【破产宣告】
87	第一百零八条	【破产宣告前的破产程序终结】
87	第一百零九条	【别除权】
		[别除权的优先受偿]
89	第一百一十条	【别除权的不完全实现与放弃】
89	第二节 变价和分配	
89	第一百一十一条	【破产财产变价方案】
90	第一百一十二条	【变价出售方式】
		[破产财产的变价方式]
91	第一百一十三条	【破产财产的清偿顺序】
		[公司被申请破产，该公司的财产被另案刑事判决认定为涉案财产，该部分涉案财产是否属于破产财产？如果属于破产财产，刑事追赃债权在破产案件中的清偿顺位如何？]
95	第一百一十四条	【破产财产的分配方式】
96	第一百一十五条	【破产财产的分配方案】
96	第一百一十六条	【破产财产分配方案的执行】

9

97	第一百一十七条	【附条件债权的分配】
97	第一百一十八条	【未受领的破产财产的分配】
98	第一百一十九条	【诉讼或仲裁未决债权的分配】
98	第三节 破产程序的终结	
98	第一百二十条	【破产程序的终结及公告】
		［破产程序终结的情形］
99	第一百二十一条	【破产人的注销登记】
99	第一百二十二条	【管理人执行职务的终止】
100	第一百二十三条	【破产程序终结后的追加分配】
100	第一百二十四条	【破产终结后的继续清偿责任】
		［破产程序中保证人的责任承担］

第十一章 法律责任

101	第一百二十五条	【董事、监事、高级管理人员致使企业破产的法律责任】
101	第一百二十六条	【债务人有关人员不列席债权人会议或不真实陈述的法律责任】
102	第一百二十七条	【债务人违法履行提交、移交相关材料义务的法律责任】
102	第一百二十八条	【债务人的法定代表人和其他直接责任人员的法律责任】
		［恶意逃债行为］
103	第一百二十九条	【债务人的有关人员擅自离开住所地的法律责任】
103	第一百三十条	【管理人未忠实尽责的法律责任】
103	第一百三十一条	【刑事责任】

　　　　　　［妨害清算罪］
　　　　　　［隐匿、故意销毁会计凭证、会计帐簿、财务会
　　　　　　　计报告罪］
　　　　　　［虚假破产罪］
　　　　　　［国有公司、企业、事业单位人员失职罪］　［国
　　　　　　　有公司、企业、事业单位人员滥用职权罪］
　　　　　　［徇私舞弊低价折股、出售公司、企业资产罪］

第十二章　附　　则

105	第一百三十二条	【别除权适用的例外】
106	第一百三十三条	【本法施行前国务院规定范围内企业破产的特别规定】
106	第一百三十四条	【金融机构破产的特别规定】
106	第一百三十五条	【企业法人以外组织破产的准用规定】

　　　　　　［个人独资企业的清算］
　　　　　　［因资不抵债无法继续办学被终止的民办学校
　　　　　　　的清算］

| 107 | 第一百三十六条 | 【施行日期】 |

实用核心法规

最高人民法院关于适用《中华人民共和国企业破产法》若干问题的规定（一）

（2011年9月9日）

108	第一条	【破产原因的具体情形】
108	第二条	【不能清偿到期债务的认定】
108	第三条	【债务人资产不足以清偿全部债务的认定】
109	第四条	【明显缺乏清偿能力的认定】

109	第 五 条	【债权人申请债务人破产】	
109	第 六 条	【债权人申请债务人破产的举证责任分配】	
109	第 七 条	【法院出具书名凭证和及时审查】	
110	第 八 条	【破产案件诉讼费用】	
110	第 九 条	【对未依法裁定是否受理破产案件的审判监督】	

最高人民法院关于适用《中华人民共和国企业破产法》若干问题的规定（二）

（2020年12月29日）

111	第 一 条	【债务人财产】
111	第 二 条	【不属于债务人的财产】
112	第 三 条	【债务人特定财产】
112	第 四 条	【债务人共有财产】
113	第 五 条	【债务人执行回转的财产】
113	第 六 条	【债务人财产保全】
113	第 七 条	【财产保全措施解除】
113	第 八 条	【财产保全措施恢复】
113	第 九 条	【管理人撤销权】
114	第 十 条	【可撤销行为起算点】
114	第十一条	【交易撤销后的财产或者价款的返还】
114	第十二条	【债务人提前清偿行为的撤销】
114	第十三条	【债权人撤销权】
115	第十四条	【管理人就设定担保的债权个别清偿行为的撤销】
115	第十五条	【经诉讼等程序进行的个人清偿行为的撤销】
115	第十六条	【管理人不得请求撤销的个别清偿行为】

115	第 十 七 条	【管理人起诉涉及债务人财产的无效行为并可依法要求返还财产】
116	第 十 八 条	【债务人的法定代表人和其他直接责任人员的法律责任】
116	第 十 九 条	【债务人对外享有债权诉讼时效的中断】
116	第 二 十 条	【管理人起诉未依法出资或抽逃出资相关责任人】
116	第二十一条	【破产申请受理后个别清偿诉讼中止审理】
117	第二十二条	【破产申请受理后个别清偿中止执行】
117	第二十三条	【破产申请受理后个别清偿不予受理】
117	第二十四条	【管理人员非正常收入】
118	第二十五条	【对债权人利益有重大影响的财产处分行为的报告】
118	第二十六条	【取回权行使期限】
118	第二十七条	【取回权行使】
119	第二十八条	【行使取回权应履行相关费用支付义务】
119	第二十九条	【提存变价款的取回】
119	第 三 十 条	【第三人取得所有权的债务人违法转让的财产的取回】
119	第三十一条	【第三人未取得所有权的债务人违法转让的财产的取回】
120	第三十二条	【代偿性取回权】
120	第三十三条	【管理人等执行职务时不当处置他人财产的处理】
120	第三十四条	【管理人有权决定所有权保留合同解除或继续履行】
121	第三十五条	【出卖人破产时所有权保留合同的继续履行】

13

121	第三十六条	【出卖人破产时所有权保留合同的解除】
121	第三十七条	【买受人破产时所有权保留合同的继续履行】
122	第三十八条	【买受人破产时所有权保留合同的解除】
122	第三十九条	【在运途中标的物的取回】
123	第四十条	【重整期间债务人占有财产的取回】
123	第四十一条	【抵销权的行使】
123	第四十二条	【抵销的生效】
123	第四十三条	【不受支持的针对抵销权的管理人异议】
123	第四十四条	【抵销无效的情形】
124	第四十五条	【债权人享有优先受偿权与债务人不享有优先受偿权的债权的抵销】
124	第四十六条	【债务人股东与债务人的债务抵销】
124	第四十七条	【诉讼管辖】
125	第四十八条	【本解释效力条款】

最高人民法院关于适用《中华人民共和国企业破产法》若干问题的规定（三）

（2020年12月29日）

125	第一条	【破产费用范围】
125	第二条	【继续营业借款的清偿】
126	第三条	【破产申请受理后产生的滞纳金不得申报破产债权】
126	第四条	【保证人破产对债权人债权申报】
126	第五条	【债务人、保证人均破产时债权人债权申报】
127	第六条	【债权申报登记册、债权表等的制作、保管】
127	第七条	【生效法律文书确定的债权确认】

127	第八条	【债权确认异议的方式】
128	第九条	【债权确认异议之诉当事人】
128	第十条	【知情权】
129	第十一条	【非现场会议表决及重整计划草案分组表决】
129	第十二条	【债权人会议决议的撤销】
129	第十三条	【债权人会议职权委托规则】
130	第十四条	【债权人委员会议事规则】
130	第十五条	【重大财产处置】
130	第十六条	【实施日期】

131	中华人民共和国民法典（节录） （2020年5月28日）
155	中华人民共和国公司法（节录） （2023年12月29日）
161	最高人民法院关于适用《中华人民共和国公司法》若干问题的规定（二） （2020年12月29日）
169	最高人民法院关于破产案件立案受理有关问题的通知 （2016年7月28日）
171	最高人民法院关于审理企业破产案件指定管理人的规定 （2007年4月12日）
180	最高人民法院关于审理企业破产案件确定管理人报酬的规定 （2007年4月12日）
184	最高人民法院关于破产企业国有划拨土地使用权应否列入破产财产等问题的批复 （2020年12月29日）

185	最高人民法院关于审理企业破产案件若干问题的规定 （2002 年 7 月 30 日）
206	最高人民法院关于人民法院在审理企业破产案件中适用最高人民法院《关于审理企业破产案件若干问题的规定》的通知 （2002 年 12 月 26 日）
208	最高人民法院关于对《最高人民法院关于审理企业破产案件若干问题的规定》第五十六条理解的答复 （2003 年 9 月 9 日）
209	最高人民法院对《关于审理企业破产案件若干问题的规定》第三十八条、第四十四条第二款的理解与适用的请示的答复 （2004 年 2 月 3 日）
210	最高人民法院关于企业破产案件信息公开的规定（试行） （2016 年 7 月 26 日）
213	最高人民法院关于《中华人民共和国企业破产法》施行时尚未审结的企业破产案件适用法律若干问题的规定 （2007 年 4 月 25 日）
216	最高人民法院关于执行《最高人民法院关于〈中华人民共和国企业破产法〉施行时尚未审结的企业破产案件适用法律若干问题的规定》的通知 （2007 年 5 月 26 日）
218	最高人民法院关于债权人对人员下落不明或者财产状况不清的债务人申请破产清算案件如何处理的批复 （2008 年 8 月 7 日）
219	最高人民法院关于执行案件移送破产审查若干问题的指导意见 （2017 年 1 月 20 日）

223	最高人民法院关于推进破产案件依法高效审理的意见 （2020年4月15日）
229	全国法院民商事审判工作会议纪要（节录） （2019年11月8日）
236	全国法院破产审判工作会议纪要 （2018年3月4日）
248	最高人民法院关于审理公司强制清算案件工作座谈会纪要 （2009年11月4日）

实用附录

259	重整制度和和解制度的比较

电子版增值文件（请扫封底"法规编辑部"二维码获取）

最高人民法院关于进一步加强民事送达工作的若干意见
（2017年7月19日）
最高人民法院关于审理上市公司破产重整案件工作座谈会纪要
（2012年10月29日）
最高人民法院关于适用《中华人民共和国民法典》有关担保制度的解释
（2020年12月31日）

中华人民共和国企业破产法

(2006年8月27日第十届全国人民代表大会常务委员会第二十三次会议通过 2006年8月27日中华人民共和国主席令第54号公布 2007年6月1日起施行)

目　　录

第一章　总　　则
第二章　申请和受理
　第一节　申　　请
　第二节　受　　理
第三章　管 理 人
第四章　债务人财产
第五章　破产费用和共益债务
第六章　债权申报
第七章　债权人会议
　第一节　一般规定
　第二节　债权人委员会
第八章　重　　整
　第一节　重整申请和重整期间
　第二节　重整计划的制定和批准
　第三节　重整计划的执行
第九章　和　　解
第十章　破产清算

第一节　破产宣告
第二节　变价和分配
第三节　破产程序的终结
第十一章　法律责任
第十二章　附　　则

第一章　总　　则

第一条　立法宗旨①

为规范企业破产程序，公平清理债权债务，保护债权人和债务人的合法权益，维护社会主义市场经济秩序，制定本法。

第二条　适用范围与破产原因

企业法人不能清偿到期债务，并且资产不足以清偿全部债务或者明显缺乏清偿能力的，依照本法规定清理债务。

企业法人有前款规定情形，或者有明显丧失清偿能力可能的，可以依照本法规定进行重整。

▶理解与适用

[适用主体]

本法适用范围为企业法人。为解决其他非法人企业和社会组织的破产无法可依的问题，本法第135条规定："其他法律规定企业法人以外的组织的清算，属于破产清算的，参照适用本法规定的程序。"《合伙企业法》② 第92条规定："合伙企业

---

① 条文主旨为编者所加，下同。
② 注释部分引用文件名称中的"中华人民共和国"均予以省略。

不能清偿到期债务的，债权人可以依法向人民法院提出破产清算申请，也可以要求普通合伙人清偿。合伙企业依法被宣告破产的，普通合伙人对合伙企业债务仍应承担无限连带责任。"据此，合伙企业的破产应当参照适用《企业破产法》规定的程序。但由于合伙企业的破产与法人企业的破产存在一些不同之处，如因普通合伙人对合伙企业债务承担无限连带责任，所以破产原因不应采用资不抵债的概念。此外，也有一些法人组织不适用本法，如根据《农村集体经济组织法》第6条第2款的规定，农村集体经济组织不适用有关破产法律的规定。

［破产界限］

本法关于破产界限，规定了可供选择的两个原因：一是从我国的实际出发，规定企业不能清偿到期债务，并且资不抵债，两个条件同时具备才构成破产原因；二是参考了国外通行的规定，即企业法人"明显缺乏清偿能力的"，其实质就是指企业不能清偿到期债务，即构成破产原因。这样两个原因，可供债权人和债务人选择。作为债权人来说，只要债务人不能清偿到期债务，就可以向法院申请债务人破产，没有必要去了解债务人是否资不抵债，这样可以促使债务人及时清偿债务，有助于保护债权人的利益。而对于债务人来说，只有在其不能清偿到期债务，并且资不抵债时，才会申请自己破产。

［重整条件］

达到破产界限的企业，并不一定马上被宣告破产，可以依照本法第八章规定的程序进行重整，以使企业起死回生。重整作为企业破产的一个程序，是指具有一定规模的企业出现破产原因，为防止企业破产，经企业债权人或者债务人向法院申请，对该企业实施强制治理，以使有复苏希望的企业，通过重整程序，避免破产清算的法律制度。企业被申请破产有的是一时周转不开，有的是经营不善，有的是决策不当。为了防止企业破产，拯救因一时困难而陷入破产境地的企业，对企业进行重整，这对于企业法人，尤其是国有企业的改革是有积极意义的。

▶条文参见

《商业银行法》第71条；《公司法》第242条；《最高人民法院关于适用〈中华人民共和国企业破产法〉若干问题的规定（一）》（以下简称《适用破产法规定（一）》）第1-5条；《保险法》第90条；《保险公司管理规定》第34条

▶典型案例指引

1. 江苏省纺织工业（集团）进出口有限公司及其五家子公司实质合并破产重整案（最高人民法院指导性案例第163号）

案件适用要点：当事人申请对关联企业合并破产的，人民法院应当对合并破产的必要性、正当性进行审查。关联企业成员的破产应当以适用单个破产程序为原则，在关联企业成员之间出现法人人格高度混同、区分各关联企业成员财产成本过高、严重损害债权人公平清偿利益的情况下，可以依申请例外适用关联企业实质合并破产方式进行审理。

采用实质合并破产方式的，各关联企业成员之间的债权债务归于消灭，各成员的财产作为合并后统一的破产财产，由各成员的债权人作为一个整体在同一程序中按照法定清偿顺位公平受偿。合并重整后，各关联企业原则上应当合并为一个企业，但债权人会议表决各关联企业继续存续，人民法院审查认为确有需要的，可以准许。

合并重整中，重整计划草案的制定应当综合考虑进入合并的关联企业的资产及经营优势、合并后债权人的清偿比例、出资人权益调整等因素，保障各方合法权益；同时，可以灵活设计"现金+债转股"等清偿方案、通过"预表决"方式事先征求债权人意见并以此为基础完善重整方案，推动重整的顺利进行。

2. 重庆金江印染有限公司、重庆川江针纺有限公司破产管理人申请实质合并破产清算案（最高人民法院指导性案例第165号）

案件适用要点：人民法院审理关联企业破产清算案件，应当尊重关联企业法人人格的独立性，对各企业法人是否具备破产原因进行单独审查并适用单个破产程序为原则。当关联企业之间存在法人人格高度混同、区分各关联企业财产的成本过高、严重损害债权人公平清偿利益时，破产管理人可以申请对已进入破产程序的关联企业进行实质合并破产清算。

人民法院收到实质合并破产清算申请后，应当及时组织申请人、被申请人、债权人代表等利害关系人进行听证，并综合考虑关联企业之间资产的混同程度及其持续时间、各企业之间的利益关系、债权人整体清偿利益、增加企业重整的可能性等因素，依法作出裁定。

第三条 破产案件的管辖

破产案件由债务人住所地人民法院管辖。

▶ **理解与适用**

［企业破产案件的管辖］

破产案件由债务人住所地人民法院管辖，这与《民事诉讼法》的管辖不完全相同。债务人住所地指债务人的主要办事机构所在地。债务人无办事机构的，由其注册地人民法院管辖。破产案件由住所地人民法院管辖，但我国的法院设置有四级，依据《最高人民法院关于审理企业破产案件若干问题的规定》第2条，基层人民法院一般管辖县、县级市或者区的工商行政管理机关核准登记企业的破产案件；中级人民法院一般管辖地区、地级市（含本级）以上的工商行政管理机关核准登记企业的破产案件;纳入国家计划调整的企业破产案件,由中级人民法院管辖。

另外,依据《民事诉讼法》第39条的规定,上级人民法院有权审理下级人民法院管辖的第一审民事案件;确有必要将本院管辖的第一审民事案件交下级人民法院审理的,应当报请其上级人民法院批准。下级人民法院对它所管辖的第一审民事案件,认为需要由上级人民法院审理的,可以报请上级人民法院审理。

▶条文参见

《民事诉讼法》第39条;《最高人民法院关于适用〈中华人民共和国民事诉讼法〉的解释》第41条;《适用破产法规定(一)》第9条;《关于审理公司强制清算案件工作座谈会纪要》

第四条 破产程序的法律适用

破产案件审理程序,本法没有规定的,适用民事诉讼法的有关规定。

第五条 破产程序的域外效力

依照本法开始的破产程序,对债务人在中华人民共和国领域外的财产发生效力。

对外国法院作出的发生法律效力的破产案件的判决、裁定,涉及债务人在中华人民共和国领域内的财产,申请或者请求人民法院承认和执行的,人民法院依照中华人民共和国缔结或者参加的国际条约,或者按照互惠原则进行审查,认为不违反中华人民共和国法律的基本原则,不损害国家主权、安全和社会公共利益,不损害中华人民共和国领域内债权人的合法权益的,裁定承认和执行。

▶理解与适用

[对债务人境外财产的效力]

本法对债务人境外财产的效力作出了新的规定,即依照本法开始的破产程序,对债务人在中华人民共和国领域外的财产发生效力。这一规定体现了普遍性原则,即一个破产程序的效力及于债务人全世界范围内的财产。需要注意的是,虽然我国立法承认了我国破产程序具有域外效力,但这只是单方面的,最终的实现要取决于财产所在国或地区对该破产程序的承认与协助。

[外国破产程序对债务人境内财产的效力]

根据本条规定,对外国法院作出的发生法律效力的破产案件的判决、裁定,涉及债务人在中华人民共和国领域内的财产,可以申请或者请求人民法院承认和执行。结合《民事诉讼法》的有关规定,申请我国法院承认与协助外国破产程序时,应符合如下规定:

(1) 申请人。有资格向中国法院提出承认与协助要求的申请人,一般为外国破产案件指定的破产管理人,或者审理该破产案件的外国法院。

(2) 受理法院。申请人应直接向我国有管辖权的中级人民法院申请承认和执行。

(3) 承认与协助外国破产判决、裁定的条件。从程序上讲,人民法院对申请或者请求承认和执行的外国法院作出的发生法律效力的判决、裁定,依照中华人民共和国缔结或者参加的国际条约,或者按照互惠原则进行审查后,认为不违反中华人民共和国法律的基本原则且不损害国家主权、安全、社会公共利益的,裁定承认其效力;需要执行的,发出执行令,依照《民事诉讼法》的有关规定执行。

▶条文参见

《全国法院破产审判工作会议纪要》第50条

第六条 企业职工权益的保障与企业经营管理人员法律责任的追究

> 人民法院审理破产案件，应当依法保障企业职工的合法权益，依法追究破产企业经营管理人员的法律责任。

第二章 申请和受理

第一节 申　　请

第七条 申请主体

> 债务人有本法第二条规定的情形，可以向人民法院提出重整、和解或者破产清算申请。
>
> 债务人不能清偿到期债务，债权人可以向人民法院提出对债务人进行重整或者破产清算的申请。
>
> 企业法人已解散但未清算或者未清算完毕，资产不足以清偿债务的，依法负有清算责任的人应当向人民法院申请破产清算。

▶理解与适用

[破产申请]

破产申请，是指有权申请破产的人基于法定的事实和理由向有管辖权的法院请求对债务人进行重整、和解或者破产清算的意思表示。我国在破产程序的启动方面采取的是申请主义，破产申请是引起破产程序的绝对条件，没有相应主体的破产申请，法院不得自行依职权开始破产程序。

[破产申请的主体]

（1）债务人提出重整、和解或者破产清算的申请。债务人申请破产的，通常应同时具备不能清偿到期债务和资产不足以清偿全部债务两个条件。一般情况下，债务人是不愿意破产的，如果仅仅是不能偿还到期债务，但资产大于负债，可以通过处理部分资产来还债，只有在全部资产不足以清偿债务时，才有可能申请破产。

（2）债权人提出重整或者破产清算的申请。本条第2款规定，债务人不能清偿到期债务，债权人可以向人民法院提出对债务人进行重整或者破产清算的申请。债权人提出破产申请的条件比较简单，对债权人来说，可以不考虑债务人有何原因，只要债务人不能清偿到期债务，债权人就有权申请债务人破产，以此来督促债务人及时履行债务，保证交易活动正常进行。

根据《最高人民法院关于债权人对人员下落不明或者财产状况不清的债务人申请破产清算案件如何处理的批复》（法释〔2008〕10号），债权人对人员下落不明或者财产状况不清的债务人申请破产清算，符合企业破产法规定的，人民法院应依法予以受理。债务人能否依据企业破产法第11条第2款的规定向人民法院提交财产状况说明、债权债务清册等相关材料，并不影响对债权人申请的受理。人民法院受理上述破产案件后，应当依据企业破产法的有关规定指定管理人追收债务人财产；经依法清算，债务人确无财产可供分配的，应当宣告债务人破产并终结破产程序；破产程序终结后二年内发现有依法应当追回的财产或者有应当供分配的其他财产的，债权人可以请求人民法院追加分配。债务人的有关人员不履行法定义务，人民法院可依据有关法律规定追究其相应法律责任；其行为导致无法清算或者造成损失,有关权利人起诉请求其承担相应民事责任的,人民法院应依法予以支持。

(3) 依法负有清算责任的人提出破产清算的申请。企业法人解散有多种情况,有的是依照章程规定的经营期限到期解散;有的是经出资人同意解散;有的是因企业合并或者分立而解散;有的是依法被撤销;有的是因企业法人违法被关闭而解散。不论企业法人因何种原因解散,都要有清算人员来清理债权债务。如果未清算或者未清算完毕,发现资产不足以清偿债务的,负有清算责任的人应当向法院申请破产清算。

▶条文参见

《公司法》第237条;《保险法》第90条

第八条 破产申请书与证据

向人民法院提出破产申请,应当提交破产申请书和有关证据。

破产申请书应当载明下列事项:

(一) 申请人、被申请人的基本情况;

(二) 申请目的;

(三) 申请的事实和理由;

(四) 人民法院认为应当载明的其他事项。

债务人提出申请的,还应当向人民法院提交财产状况说明、债务清册、债权清册、有关财务会计报告、职工安置预案以及职工工资的支付和社会保险费用的缴纳情况。

▶理解与适用

[债权人提出破产申请应提交的文件]

债权人在提出破产申请时,一般需要向法院提交如下材料:

(1) 破产申请书。内容包括:①申请人和被申请人的基本情况；②申请目的；③申请的事实和理由；④人民法院认为应当载明的其他事项。

（2）法定代表人身份证明书。如果债权人是法人单位的话，应当提交债权人的法定代表人的身份证明书。

（3）授权委托书。如果债权人委托他人办理破产申请手续的，应当提交授权委托书，注明被委托人的姓名、身份以及授权范围等。

（4）债权存在以及债务人不能按时清偿债务的证据。在证明债务人不能清偿到期债务时，债权人对于债务人企业的整体财务状况是不清楚的，因此，只需要证明其债权清偿期限已经届满、债权人已经提出清偿请求、债务人明显缺乏清偿能力或者停止支付呈现出连续状态即可。

[债务人提出破产申请应提交的文件]

债务人在提出破产申请时，一般需要向法院提交如下材料：（1）书面破产申请；（2）企业主体资格证明；（3）企业法定代表人与主要负责人员名单；（4）企业职工情况和安置预案；（5）企业亏损情况的书面说明，并附审计报告；（6）企业至破产申请日的资产状况明细表，包括有形资产、无形资产和企业投资情况等；（7）企业在金融机构开设账户的详细情况，包括开户审批材料、账号、资金等；（8）企业债权情况表，列明企业的债务人名称、住所、债务数额、发生时间和催讨偿还情况；（9）企业债务情况表，列明企业的债权人名称、住所、债权数额、发生时间；（10）企业涉及的担保情况；（11）企业已发生的诉讼情况；（12）人民法院认为应当提交的其他材料。

▶条文参见

《最高人民法院关于审理企业破产案件若干问题的规定》第6-7条；《适用破产法规定（一）》第6条

第九条　破产申请的撤回

人民法院受理破产申请前，申请人可以请求撤回申请。

第二节　受　理

第十条　破产申请的受理

债权人提出破产申请的，人民法院应当自收到申请之日起五日内通知债务人。债务人对申请有异议的，应当自收到人民法院的通知之日起七日内向人民法院提出。人民法院应当自异议期满之日起十日内裁定是否受理。

除前款规定的情形外，人民法院应当自收到破产申请之日起十五日内裁定是否受理。

有特殊情况需要延长前两款规定的裁定受理期限的，经上一级人民法院批准，可以延长十五日。

▶理解与适用

[债权人破产申请的受理]

人民法院一般应当自收到破产申请之日起15日内裁定是否受理。如果是债权人提出的破产申请，人民法院应当自收到申请之日起5日内通知债务人。债务人对申请有异议的，应当自收到人民法院的通知之日起7日内向人民法院提出。人民法院应当自异议期满之日起10日内裁定是否受理。有特殊情况需要延长裁定受理期限的，经上一级人民法院批准，可以延长15日。

人民法院决定受理破产申请的，应当自裁定作出之日起5日内送达申请人。债权人提出申请的，人民法院应当自裁定作出之日起5日内送达债务人。债务人应当自裁定送达之日起

15日内,向人民法院提交财产状况说明、债务清册、债权清册、有关财务会计报告以及职工工资的支付和社会保险费用的缴纳情况。人民法院应当自裁定受理破产申请之日起25日内通知已知债权人,并予以公告。人民法院裁定不受理破产申请的,应当自裁定作出之日起5日内送达申请人并说明理由。申请人对裁定不服的,可以自裁定送达之日起10日内向上一级人民法院提起上诉。

▶条文参见

《企业破产法》第11、12、14条;《适用破产法规定(一)》第7条

▶典型案例指引

甲证券公司与乙投资有限公司、丙投资管理有限公司、丁投资发展有限公司、戊实业公司合并破产清算案(《最高人民法院公报》2013年第11期)

案件适用要点:关联公司资产混同、管理混同、经营混同以致无法个别清算的,可将数个关联公司作为一个企业整体合并清算。人民法院对清算工作的职责定位为监督和指导,监督是全面的监督,指导是宏观的指导,不介入具体清算事务以保持中立裁判地位。从破产衍生诉讼中破产企业方实际缺位、管理人与诉讼对方不对称掌握证据和事实的实际情况出发,不简单适用当事人主义审判方式,而是适时适度强化职权主义审判方式的应用。

第十一条 裁定受理与债务人提交材料

人民法院受理破产申请的,应当自裁定作出之日起五日内送达申请人。

债权人提出申请的，人民法院应当自裁定作出之日起五日内送达债务人。债务人应当自裁定送达之日起十五日内，向人民法院提交财产状况说明、债务清册、债权清册、有关财务会计报告以及职工工资的支付和社会保险费用的缴纳情况。

第十二条 裁定不受理与驳回申请

人民法院裁定不受理破产申请的，应当自裁定作出之日起五日内送达申请人并说明理由。申请人对裁定不服的，可以自裁定送达之日起十日内向上一级人民法院提起上诉。

人民法院受理破产申请后至破产宣告前，经审查发现债务人不符合本法第二条规定情形的，可以裁定驳回申请。申请人对裁定不服的，可以自裁定送达之日起十日内向上一级人民法院提起上诉。

▶理解与适用

对于破产申请，法院要对债权的数额、性质、起因等进行审查，要了解债务人的财务状况、经营状况以及企业的资信如何。经过调查了解，对于不属于本法第2条规定的破产界限的，裁定不受理破产申请。有时，法院在法定时间内作出了受理的裁定，但法院受理破产申请后，经审查发现债务人不符合破产界限的，这时应当裁定驳回申请。申请人对不受理破产申请裁定、驳回申请裁定不服的，可以在10日内向上一级人民法院提起上诉。因为受理申请与否，对于债权人来说，涉及其债权能否得到实现，对于债务人来说，更是生死攸关。法律规定对于不受理和驳回申请的裁定，可以上诉，有利于保障债权人和债务人的合法权利。

第十三条　指定管理人

人民法院裁定受理破产申请的，应当同时指定管理人。

▶理解与适用

［管理人及其职责］

管理人是在人民法院受理破产申请进入破产程序以后，根据法院的指定而负责债务人财产的管理、处分、业务经营以及破产方案的拟定和执行的专门人员。其主要职责包括：接管债务人的财产，负责登记债权，接受对债务人的债权的履行，回收债务人的财产，就有关财产纠纷代表债务人参加诉讼，对破产财产进行变价和分配等工作。在整个破产程序中，管理人始终处于中心地位，破产程序能否顺利进行，在很大程度上取决于管理人的设置是否合理，以及管理人是否认真履行了职责。

▶条文参见

《最高人民法院关于审理企业破产案件指定管理人的规定》

第十四条　通知债权人与公告

人民法院应当自裁定受理破产申请之日起二十五日内通知已知债权人，并予以公告。

通知和公告应当载明下列事项：

（一）申请人、被申请人的名称或者姓名；

（二）人民法院受理破产申请的时间；

（三）申报债权的期限、地点和注意事项；

（四）管理人的名称或者姓名及其处理事务的地址；

（五）债务人的债务人或者财产持有人应当向管理人清偿债务或者交付财产的要求；

（六）第一次债权人会议召开的时间和地点；
（七）人民法院认为应当通知和公告的其他事项。

▶ 理解与适用

[通知和公告]

本条是关于人民法院受理破产申请后的通知和公告义务的规定。人民法院裁定受理破产申请后，应当及时通知已知的债权人，并在全社会范围内予以公告。

通知和公告，是指人民法院依法定程序和方式，向债务人的债权人以及其他利害关系人送达破产申请已经受理的一种司法行为。通知的意义在于，人民法院以书面形式告知破产案件中已知债权人已经开始破产程序的事实和有关事项；公告的意义在于法院以布告或者登报的方式，向全社会不特定的人公开告知已受理有关债务人的破产申请启动破产程序的有关事项，告知无法通知的债权人、未知的债权人以及其他利害关系人已开始破产程序的事实和有关事项。

第十五条　债务人的有关人员的义务

自人民法院受理破产申请的裁定送达债务人之日起至破产程序终结之日，债务人的有关人员承担下列义务：

（一）妥善保管其占有和管理的财产、印章和账簿、文书等资料；

（二）根据人民法院、管理人的要求进行工作，并如实回答询问；

（三）列席债权人会议并如实回答债权人的询问；

（四）未经人民法院许可，不得离开住所地；

（五）不得新任其他企业的董事、监事、高级管理人员。

> 前款所称有关人员，是指企业的法定代表人；经人民法院决定，可以包括企业的财务管理人员和其他经营管理人员。

▶ 理解与适用

企业被申请破产，企业的法定代表人，在人民法院受理破产申请至破产宣告期间，负有法定义务。此外，人民法院可以根据企业的情况，决定企业的财务管理人员和主要业务人员也同法定代表人一样负有义务。这些义务主要有：

（1）债务人应当自收到受理破产裁定之日起15日内向法院提交企业财产状况说明、债权债务清册、财务会计报告等文件，并按公告通知的时间、地点列席第一次债权人会议。

（2）债务人应当妥善保管其占有和管理的所有财产、印章和账簿、文书等资料。本法第13条规定，人民法院裁定受理破产申请的，应当同时指定管理人。而从人民法院指定管理人到管理人接管企业，其间有一段时间企业仍在债务人的掌管之中，本法第15条规定债务人负有妥善保管财产、印章和账簿等资料的义务，对于保证管理人接管企业，掌握企业的财产和财务账簿，进而决定企业的命运是很重要的。

（3）根据人民法院、管理人的要求进行工作，如实回答询问；列席债权人会议并如实回答债权人的询问。破产申请受理后，人民法院启动破产程序，管理人开始掌管企业，为了进行生产经营，或者清理债权债务，人民法院或者管理人可能会了解有关情况，要求债务人进行某些工作或回答问题，债务人有义务服从。列席债权人会议时，应如实回答债权人的询问。

（4）未经人民法院许可，不得离开住所地。因为进入破产程序后，人民法院或者管理人会随时了解情况，需要债务人配合，故规定债务人未经人民法院许可，不得离开住所地。

（5）不得新任其他企业的董事、监事、高级管理人员。

企业被申请破产，法定代表人或者财务管理人员等要承担何种责任，还没有查明，如果是正常的经营风险，法定代表人等尽了勤勉忠实义务，可以不被追究责任；如果不是正常的经营风险，则不仅不能新任其他企业的董事、监事、高级管理人员，而且要承担相应的法律责任。

▶条文参见

《企业破产法》第125-129条

第十六条 债务人个别清偿的无效

人民法院受理破产申请后，债务人对个别债权人的债务清偿无效。

▶理解与适用

人民法院受理破产申请后，债务人对个别债权人实施的债务清偿无效。人民法院受理破产后，并不等于企业已经被宣告破产，企业有可能取得担保，或者得到资助，具有偿还能力，从而避免被宣告破产；企业还可以经过重整，避免破产的命运。因此，人民法院受理破产申请后，在管理人接管企业之前，债务人应当维持企业的正常活动，继续进行生产经营，争取企业经营状况的好转。但是，债务人不能对个别债权人清偿债务。因为，对任何债权人的清偿，都将减少破产财产的总额，损害其他债权人的利益，其清偿行为是无效的。

▶典型案例指引

台州德力奥汽车部件制造有限公司诉浙江建环机械有限公司管理人浙江安天律师事务所、中国光大银行股份有限公司台州温岭支行第三人撤销之诉案（最高人民法院指导性案例第151号）

案件适用要点：在银行承兑汇票的出票人进入破产程序

后，对付款银行于法院受理破产申请前六个月内从出票人还款账户划扣票款的行为，破产管理人提起请求撤销个别清偿行为之诉，法院判决予以支持的，汇票的保证人与该生效判决具有法律上的利害关系，具有提起第三人撤销之诉的原告主体资格。

第十七条 债务人的债务人或者财产持有人的义务

人民法院受理破产申请后，债务人的债务人或者财产持有人应当向管理人清偿债务或者交付财产。

债务人的债务人或者财产持有人故意违反前款规定向债务人清偿债务或者交付财产，使债权人受到损失的，不免除其清偿债务或者交付财产的义务。

▶ 理解与适用

人民法院受理破产申请后，管理人应当向债务人的债务人或者财产持有人发出清偿债务或者交付财产的通知，要求其在规定的期限内清偿债务或者交还财产；债务人的债务人或者财产持有人应当在上述期限内向管理人清偿债务或者交付财产，如其故意违反上述规定向债务人清偿债务或交付财产，使债权人受到损失的，不免除其继续清偿或者交付的义务。但是如果债务人的债务人或者财产持有人对于管理人要求清偿债务或者交付财产的通知有异议的，可以向人民法院提起诉讼；既不提出异议，又不清偿债务或者交付财产的，管理人可以申请人民法院裁定后强制执行。

第十八条 破产申请受理前成立的合同的继续履行与解除

人民法院受理破产申请后，管理人对破产申请受理前成立而债务人和对方当事人均未履行完毕的合同有权决定解除或者继续履行，并通知对方当事人。管理人自破产申请受理之日起二个月内未通知对方当事人，或者自收到对方当事人催告之日起三十日内未答复的，视为解除合同。

管理人决定继续履行合同的，对方当事人应当履行；但是，对方当事人有权要求管理人提供担保。管理人不提供担保的，视为解除合同。

▶理解与适用

根据本法第25条第1款第5项关于管理人职责的规定，管理人有权在第一次债权人会议召开之前，决定继续或者停止债务人的营业。而决定解除或者继续履行破产申请受理前成立而债务人和对方当事人均未履行完毕的合同则属于管理人决定继续或者停止债务人营业的职责范围内的事情。管理人在其职责范围内作出解除或者继续履行债务人与对方当事人均未履行完毕的合同后，应当及时通知对方当事人；管理人决定继续履行双务合同的，对方当事人应当履行。

同时，为了平衡债务人和与其成立双务合同的对方当事人之间的合法权益，本法在规定管理人有解除或者继续履行双务合同的权利时，也赋予了对方当事人一定的权利，这主要表现在两个方面：第一，法律规定管理人有通知的义务和对方当事人有催告的权利。如果管理人自破产申请受理之日起2个月内未通知对方当事人的，视为合同解除；债务人的双务合同的对方当事人在得知人民法院受理债务人的破产申请后，有权向破产程序中的管理人提出解除或者继续履行双务合同的催告，管理人自收到该对方当事人的催告之日起30日内未答复的，也视为解除合同。第二，法律规定在管理人决定继续履行时，对方当事人有要求管理人提供担保的权利。根据本条第2款的规定，管理人决定继续履行合同的，对方当事人有履行的义务，该对方当事人也有权要求管理人提供担保，以保障其合法的预期合同利益，如果管理人不提供担保的，视为解除合同。

▶条文参见

《最高人民法院关于〈中华人民共和国企业破产法〉施行时尚未审结的企业破产案件适用法律若干问题的规定》第2条

▶典型案例指引

通州建总集团有限公司诉安徽天宇化工有限公司别除权纠纷案（最高人民法院指导性案例第73号）

案件适用要点：本案双方当事人签订的建设工程施工合同虽约定了工程竣工时间，但涉案工程因安徽天宇化工有限公司（以下简称安徽天宇公司）未能按合同约定支付工程款导致停工。现没有证据证明在工程停工后至法院受理破产申请前，双方签订的建设工程施工合同已经解除或终止履行，也没有证据证明在法院受理破产申请后，破产管理人决定继续履行合同。根据《企业破产法》第18条第1款"人民法院受理破产申请后，管理人对破产申请受理前成立而债务人和对方当事人均未履行完毕的合同有权决定解除或者继续履行，并通知对方当事人。管理人自破产申请受理之日起二个月内未通知对方当事人，或者自收到对方当事人催告之日起三十日内未答复的，视为解除合同"之规定，涉案建设工程施工合同在法院受理破产申请后已实际解除，本案建设工程无法正常竣工。按照最高人民法院全国民事审判工作会议纪要精神，因发包人的原因，合同解除或终止履行时已经超出合同约定的竣工日期的，承包人行使优先受偿权的期限自合同解除之日起计算，安徽天宇公司要求按合同约定的竣工日期起算优先受偿权行使时间的主张，缺乏依据，不予采信。2011年8月26日，法院裁定受理对安徽天宇公司的破产申请，2011年10月10日通州建总集团有限公司（以下简称通州建总公司）向安徽天宇公司的破产管理人申报债权并主张工程款优先受偿权，因此，通州建总公司主张优先受偿权的时间是2011年10月10日。安徽天宇公司认为通州建总公司行使优先受偿权的时间超过了破产管理之日6个月，与事实不符，不予支持。

第十九条 保全措施解除与执行程序中止

人民法院受理破产申请后，有关债务人财产的保全措施应当解除，执行程序应当中止。

▶理解与适用

[保全措施解除]

人民法院受理破产申请后，有关债务人财产的保全措施应当解除，因为破产程序是特别程序，其效力高于一般程序。按照本法第13条的规定，人民法院受理破产申请的同时，要指定管理人，由管理人接管企业。因此，对于债务人财产的保全措施应当解除，被解除保全的财产，由管理人接管。

[执行程序中止]

另外，债务人在被申请破产前，有可能发生纠纷，引起诉讼，在人民法院受理破产申请后，已经生效的其他民事判决、裁定，以及刑事判决、裁定中的财产部分的执行程序应当中止。因为如果允许执行程序进行，则个别债权人可能通过执行程序使其债权得到满足，这将减少破产财产的总额，有损其他债权人的利益，不符合所有债权人公平受偿的原则。为了维护全体债权人的利益，财产执行程序应当中止，执行程序中的财产部分，可以作为破产债权，与其他债权人一样平均受偿。

第二十条 民事诉讼或仲裁的中止与继续

人民法院受理破产申请后，已经开始而尚未终结的有关债务人的民事诉讼或者仲裁应当中止；在管理人接管债务人的财产后，该诉讼或者仲裁继续进行。

▶理解与适用

在受理破产申请后,由于债务人的权利被限制,由其继续参与有关的民事诉讼和仲裁程序已经不可能。因此,有关债务人的民事诉讼和仲裁程序应当中止。当管理人接管债务人财产并可以行使管理和处分权时,由管理人代表债务人参加诉讼或者仲裁程序才成为可能。因此,在管理人接管债务人的财产后,中止的诉讼或者仲裁继续进行。

▶条文参见

《最高人民法院关于执行〈最高人民法院关于《中华人民共和国企业破产法》施行时尚未审结的企业破产案件适用法律若干问题的规定〉的通知》

第二十一条 债务人的民事诉讼的管辖

人民法院受理破产申请后,有关债务人的民事诉讼,只能向受理破产申请的人民法院提起。

▶理解与适用

[破产程序中的专属管辖]

在破产程序中,受理破产申请的人民法院对于有关债务人的民事诉讼的专属管辖表现为:在人民法院受理破产申请后,如果其他人民法院已经受理与债务人有关的民事案件,应当中止审理,将其移送到受理破产申请的人民法院来;如果债务人的债权人或债务人就债务人财产与债务人发生争议需要提起诉讼,只能向受理破产申请的人民法院提起,而不能向其他人民法院提起。

第三章 管理人

第二十二条 管理人的指定与更换

管理人由人民法院指定。

债权人会议认为管理人不能依法、公正执行职务或者有其他不能胜任职务情形的，可以申请人民法院予以更换。

指定管理人和确定管理人报酬的办法，由最高人民法院规定。

▶理解与适用

本法对管理人采用的是法院指定的立法模式，但又不是完全由法院决定，而是赋予债权人会议有一定的否决权。本条第1款规定，管理人由人民法院指定。第2款规定，债权人会议认为管理人不能依法、公正执行职务或者有其他不能胜任职务情形的，可以申请人民法院予以更换。因为在破产清算程序中，管理人不是所有人利益的代表，而主要是债权人利益的代表，他代表债权人的利益，负责管理、变卖和分配破产财产，从而实现通过破产还债的目的。如果债权人会议对管理人的指定没有任何发言权的话，一旦债权人会议认为管理人不能依法、公正执行职务或者有其他不能胜任职务的情形时，破产程序则难以顺利进行。因此，本法规定由法院指定管理人，又尊重债权人意思自治的选任制度，有利于破产程序的顺利进行。

▶条文参见

《最高人民法院关于审理企业破产案件指定管理人的规定》第15-40条

第二十三条 管理人的义务

管理人依照本法规定执行职务,向人民法院报告工作,并接受债权人会议和债权人委员会的监督。

管理人应当列席债权人会议,向债权人会议报告职务执行情况,并回答询问。

第二十四条 管理人的资格

管理人可以由有关部门、机构的人员组成的清算组或者依法设立的律师事务所、会计师事务所、破产清算事务所等社会中介机构担任。

人民法院根据债务人的实际情况,可以在征询有关社会中介机构的意见后,指定该机构具备相关专业知识并取得执业资格的人员担任管理人。

有下列情形之一的,不得担任管理人:

(一)因故意犯罪受过刑事处罚;

(二)曾被吊销相关专业执业证书;

(三)与本案有利害关系;

(四)人民法院认为不宜担任管理人的其他情形。

个人担任管理人的,应当参加执业责任保险。

▶理解与适用

我国的破产管理人既可以由组织来担任,也可以由自然人来担任。

1. 由组织担任。本条规定,管理人可以由有关部门、机构的人员组成的清算组或者依法设立的律师事务所、会计师事务所、破产清算事务所等社会中介机构担任。根据该规定,可以将组织担任管理人的情况进行如下的划分:

（1）由有关部门、机构的人员组成的清算组担任，主要适用于国有企业。政府有关部门主要是企业上级主管部门、财政、市场监管、税务、自然资源、人力资源、国有资产管理等政府管理职能部门。

（2）依法设立的律师事务所担任。律师事务所分为国家出资设立的律师事务所、合作律师事务所和合伙律师事务所。

（3）依法设立的会计师事务所担任。会计师事务所分为合伙制会计师事务所和有限责任的会计师事务所。

（4）依法设立的破产清算事务所担任。破产清算事务所是指专门从事破产清算业务的机构。目前，社会上已经出现了专门从事破产清算的机构，但国家对于破产清算事务所的设立还没有相应的法律和法规。

（5）其他依法设立的社会中介机构担任。例如资产评估机构、税务师事务所等社会中介机构。

2. 由自然人担任。根据本条规定，人民法院根据债务人的实际情况，可以在征询有关社会中介机构的意见后，指定该机构具备相关专业知识并取得执业资格的人员担任管理人。可见，自然人担任管理人需要取得执业资格，并且由人民法院指定。

▶条文参见

《最高人民法院关于审理企业破产案件指定管理人的规定》第9、14、23-24条

第二十五条 管理人的职责

管理人履行下列职责：
（一）接管债务人的财产、印章和账簿、文书等资料；
（二）调查债务人财产状况，制作财产状况报告；
（三）决定债务人的内部管理事务；
（四）决定债务人的日常开支和其他必要开支；

（五）在第一次债权人会议召开之前，决定继续或者停止债务人的营业；

（六）管理和处分债务人的财产；

（七）代表债务人参加诉讼、仲裁或者其他法律程序；

（八）提议召开债权人会议；

（九）人民法院认为管理人应当履行的其他职责。

本法对管理人的职责另有规定的，适用其规定。

▶理解与适用

[接管债务人的财产、印章和账簿、文书等资料]

（1）接管债务人的财产。债务人的财产主要包括债务人的有形资产和无形资产。有形资产指动产和不动产。动产是指银行存款、现金、办公设备、交通工具、机械设备、库存物品等；不动产即企业物业，包括企业的土地、厂房及其他土地上的定着物。无形资产主要是指企业的专利、商标、著作权和专有技术等知识产权、商业信誉、商业秘密以及客户信息等。对于上述动产、不动产的接管，主要是通过制作债务人的财产盘点表的方式进行；对于无形资产接管则要灵活进行。实务中管理人接管债务人财产时应注意：一是要审查财产的权属证件是否真实、合法；二是要审查有无设置财产抵押以及设置的抵押是否合法、有效。

（2）接管债务人的印章和账簿、文书等资料。债务人的印章是指包括债务人企业的行政章、合同章、财务章等在内的全套印章。由于印章在我国经济活动中的重要地位，故管理人在接管债务人企业之初就应立即接管债务人的全套印章，并予以封存，原则上不再使用，除非在特殊情况下，经人民法院批准后方可使用。债务人的账簿是其财务状况的外在表现形式，具体而言，其反映了债务人的资产负债情况。因此，管理人只有全面接管债务人的财务，包括财务账簿、银行账户资料、库存清册等，才能开始对破产财产的管理、处分、清算和分配工作。

[调查债务人财产状况，制作财产状况报告]

(1) 管理人对于债务人财产产权归属的确定。管理人在确认债务人的财产权属时，主要应分清哪些属于债务人的财产，哪些不属于债务人的财产，哪些是有争议的财产。

(2) 管理人对于债务人财产范围的确定。根据本法第30条的规定，债务人财产的范围主要包括以下两个方面：① 破产申请受理时属于债务人的全部财产；② 债务人在破产申请受理后至破产程序终结前取得的财产。

[决定债务人的内部管理事务]

(1) 债务人在法院受理破产申请前的行为被法院撤销或宣告无效后，管理人有权追回被债务人处分的财产。

(2) 人民法院受理破产申请后，债务人的出资人尚未完全履行出资义务的，管理人应当要求该出资人缴纳其认缴的出资，而不受出资期限的限制。

(3) 债务人企业的董事、监事、高级管理人员利用职权从企业获取的非正常收入和侵占的企业财产，管理人应当追回。

[决定债务人的日常开支和其他必要开支]

管理人在破产程序进行期间，为了全体债权人的利益，有权决定债务人的日常营业事务，如决定继续进行债务人的某些营业，继续履行债务人的双务合同等行为，这便需要一系列的营业成本，对此，管理人有权作出决定。此外，如果破产程序中因债务人的财产而涉诉的话，管理人有权决定必要的诉讼费用的开支。然而，管理人在决定上述日常开支和其他必要开支时，应当接受法院、债权人会议和债权人委员会的监督。

[在第一次债权人会议召开之前，决定继续或者停止债务人的营业]

根据本法第61条的规定，决定继续或者停止债务人的营业是债权人会议的职权。但在债权人会议尚未成立即第一次债权人会议召开之前，则由法院指定的管理人决定债务人是否继续营业。

[管理和处分债务人的财产]

（1）管理债务人财产。管理人接管债务人财产后，要对其进行全面管理。管理人在管理债务人财产时，应当制作管理方案，管理人的管理方案应当报债权人会议通过，否则，该管理方案无效。

（2）处分债务人财产。根据本法第69条和第16条的规定，管理人有权实施下列财产的处分行为，但应当及时报告债权人委员会或者人民法院：①涉及土地、房屋等不动产权益的转让；②探矿权、采矿权、知识产权等财产权的转让；③全部库存或者营业的转让；④借款；⑤设定财产担保；⑥债权和有价证券的转让；⑦履行债务人和对方当事人均未履行完毕的合同；⑧放弃权利；⑨担保物的取回；⑩对债权人利益有重大影响的其他财产处分行为。此外，根据本法的规定，在第一次债权人会议召开之前，管理人有上述处分行为之一的，应当征得人民法院的许可。由此可见，管理人在破产程序进行过程中，有权对债务人的不动产、动产、无形财产等进行处分，但是必须及时报告债权人委员会或者征得法院的许可，以保护全体债权人的利益。

[代表债务人参加诉讼、仲裁或者其他法律程序]

（1）管理人对外实现债权，对方提出异议，需要进行诉讼或者仲裁的，则管理人作为原告出现。

（2）在破产申请受理后，对未履行完毕的双务合同决定解除引起的损害赔偿等合同争议,管理人一般以被告身份出现。

(3) 管理人在执行法定职务的过程中,侵害或损害他人合法权益而引起的侵权诉讼和损失赔偿,则管理人亦作为被告参加诉讼或者仲裁。

(4) 对于债务人已经开始的诉讼或者仲裁,由管理人作为原告或者被告继续进行诉讼。

[提议召开债权人会议]

根据本法第62条的规定,管理人可以提议召开债权人会议,以讨论决定破产程序中的重要事项,如是否继续债务人的营业、处理债务人的不动产、实施营业贷款等,以使其管理行为获得依据,最终切实维护广大债权人的利益。同时,召开债权人会议,管理人应当提前15日通知已知的债权人。

此外,人民法院或者债权人会议认为管理人应当履行的其他职责,管理人亦必须切实履行。因为管理人由法院指定产生,对法院负责并受债权人会议和债权人委员会的监督。

▶条文参见

《企业破产法》第16、26、34、61、69、73、74条;《最高人民法院关于审理企业破产案件确定管理人报酬的规定》

第二十六条 第一次债权人会议前管理人行为的许可

在第一次债权人会议召开之前,管理人决定继续或者停止债务人的营业或者有本法第六十九条规定行为之一的,应当经人民法院许可。

第二十七条 管理人的忠实义务

管理人应当勤勉尽责,忠实执行职务。

▶理解与适用

　　破产管理人的勤勉尽责、忠实执行职务的义务实质上规定的是善良管理人的注意义务，是为管理人设定的一种较高标准的注意义务。为了确保管理人能够以善良管理人的注意义务去执行其职务，本法第 24 条第 4 款规定"个人担任管理人的，应当参加执业责任保险"。同时，第 130 条明确规定了管理人违反其勤勉尽责和忠实执行职务时的法律责任。上述规定对于保证管理人本着诚实守信的心态去勤勉尽责、忠实执行职务能够起到积极的促进作用。

▶条义参见

　　《企业破产法》第 24、130 条

第二十八条　管理人聘任工作人员与管理人的报酬

　　管理人经人民法院许可，可以聘用必要的工作人员。
　　管理人的报酬由人民法院确定。债权人会议对管理人的报酬有异议的，有权向人民法院提出。

▶条文参见

　　《最高人民法院关于审理企业破产案件确定管理人报酬的规定》

第二十九条　管理人的辞职

　　管理人没有正当理由不得辞去职务。管理人辞去职务应当经人民法院许可。

▶理解与适用

　　本条规定，管理人没有正当理由不得辞去职务。管理人辞去职务应当经人民法院许可。因为管理人接受法院指定后，通

31

常要接管债务人的财产、账簿、文书，管理和处分债务人的财产，负责企业的重整，提出破产财产分配方案，执行分配方案等一系列有关破产程序的事项，在破产程序中居于中心地位，所以法律规定管理人没有正当理由不得辞去职务。如果管理人确实有正当理由，如因病不能胜任等需要辞去管理人职务时，应当经人民法院许可。

关于管理人的解任，本法规定，债权人会议有权请求人民法院予以解任，理由是管理人不能依法、公正执行职务或者有其他不能胜任职务的情形。赋予债权人会议一定的解任权，有利于债权人对管理人的监督，也有利于督促管理人勤勉尽责，忠实执行职务。

第四章 债务人财产

第三十条 债务人财产

破产申请受理时属于债务人的全部财产，以及破产申请受理后至破产程序终结前债务人取得的财产，为债务人财产。

▶理解与适用

债务人财产是破产程序进行的基础，也是债权人通过破产程序得到清偿的物质保证。债务人财产与破产财产有着直接关系，当债务人被宣告破产后，债务人财产即被称为破产财产。

（1）破产案件受理时属于债务人的全部财产

债务人的全部财产，从构成上来说，包括货币、生产资料、经营场所、企业的知识产权等。对于国有企业来说，当人民法院受理破产案件后，国家授予企业经营管理的财产即成为债务人财产，法院宣告该企业破产后，国家授予企业经营管理的财产即为破产财产。

（2）破产案件受理后至破产程序终结前债务人取得的财产

这部分财产本来就是破产企业的财产，只是到破产程序终结前才实际取得。按照本法的有关规定，这部分财产包括：①破产企业的债务人主动偿还或者经管理人催讨而偿还的债务；②持有破产企业财产的人主动交还或者经管理人催讨而交还的财产；③因继续履行合同而获得的收益；④破产企业因投资或者所有知识产权而得到的收益；⑤破产企业得到的捐赠、赔偿等合法收益。

▶条文参见

《最高人民法院关于适用〈中华人民共和国企业破产法〉若干问题的规定（二）》（以下简称《适用破产法规定（二）》）第1-5条

▶典型案例指引

甲公司、乙公司等与破产有关的纠纷案［（2023）最高法民申143号］

案件适用要点：《民法典》第209条第1款规定，不动产物权的设立、变更、转让和消灭，经依法登记，发生效力；未经登记，不发生效力，但是法律另有规定的除外。本案所涉抵债财产为工业用房、构筑物及其附属设施等不动产，因该抵债财产未变更登记至甲公司名下，仍为乙公司所有，根据《企业破产法》第30条关于破产申请受理时属于债务人的全部财产为债务人财产的规定，案涉抵债不动产仍属于债务人财产。甲公司与乙公司等签订的《资产抵债协议》第7条约定，在完成抵债标的物移交且抵债标的物中房屋产权证全部过户至甲公司名下，协议约定的抵债行为正式生效，而案涉抵债不动产物权未经登记变更，故甲公司关于案涉《资产抵债协议》已经履行完毕的主张与合同约定不符，不能成立。此外，破产程序遵循全体债权人公平受偿原则，债务人在破产程序前对特定债权人的个别清偿行为，将导致特定债权人优先于其他债权人受偿，致使其他债权人在随后启动的破产程序中利益受损。本案中，《资产抵债协议》虽并非签订于受理破产申请前六个月内，但该协议明确约定抵债房产过户后抵债行为生效，如抵债行为未生效，协议对各方均不具有法律约束力。在协议签订后，抵债房产并未实际过户，双方亦未按照协议约定按原债权金额行使追索权。相反，双方却于受理破产申请前一个月签订《资产抵债协议补充协议》，删除《资产抵债协议》中关于附条件生效的条款。此外，从《资产抵债协议》中所载明的一年内不能主动申请破产的内容看，甲公司对乙公司等不能清偿到期债务，且资产不足以清偿全部债务或者明显缺乏清偿能力的状况属明知。因此，法院认定案涉协议违反了破产程序中各债权人公平受偿的立法精神，并无不当。

第三十一条　受理破产申请前一年内行为的撤销

人民法院受理破产申请前一年内，涉及债务人财产的下列行为，管理人有权请求人民法院予以撤销：

（一）无偿转让财产的；

（二）以明显不合理的价格进行交易的；

（三）对没有财产担保的债务提供财产担保的；

（四）对未到期的债务提前清偿的；

（五）放弃债权的。

▶理解与适用

［破产撤销权］

破产撤销权，是指破产人在破产宣告前的临界期内，实施有害于全体债权人利益的行为，破产管理人有权请求法院撤销该行为。本法规定撤销权的目的，在于恢复因破产人不当处分而失去的利益，保护全体债权人公平受偿的机会。

在程序方面，撤销权行使的主体是破产管理人，即破产管理人是原告，债务人和行为相对人是被告。依据本法第21条规定，由受理破产案件的法院专属管辖，受理法院以判决方式作出是否准许撤销，当事人不服的，可以上诉。

▶条文参见

《企业破产法》第21、32、34条

第三十二条 受理破产申请前六个月内行为的撤销

人民法院受理破产申请前六个月内，债务人有本法第二条第一款规定的情形，仍对个别债权人进行清偿的，管理人有权请求人民法院予以撤销。但是，个别清偿使债务人财产受益的除外。

▶条文参见

《适用破产法规定（二）》第9-16条

▶典型案例指引

某银行、浙江某会计师事务所有限公司请求撤销个别清偿行为纠纷案［（2020）浙06民终3944号］

案件适用要点：根据《企业破产法》第32条规定，人民法院受理破产申请前6个月内，债务人具备破产原因仍对个别债权人进行清偿的，管理人有权请求人民法院予以撤销。但是，个别清偿使债务人财产受益的除外。根据前述法律规定，属于偏颇性清偿的个别清偿并不区分债权人是善意还是恶意，构成要件为，一是清偿行为发生在破产申请受理前6个月内；二是债务人已经存在不能清偿到期债务，且资产不足以清偿全部债务或明显缺乏清偿能力的客观要件；三是债务人明知自己存在上述客观条件的前提下，仍然对个别债务进行清偿；四是该清偿行为并未使债务人的财产收益。

第三十三条　无效行为

涉及债务人财产的下列行为无效：
（一）为逃避债务而隐匿、转移财产的；
（二）虚构债务或者承认不真实的债务的。

▶ 理解与适用

根据本条的规定，破产无效行为有两种：

（1）债务人为逃避债务而隐匿、转移财产的

债务人为逃避债务而隐匿和转移财产的行为，是典型的不正当减少债务人财产、损害债权人利益的行为。隐匿财产，是指债务人将其财产予以隐瞒和藏匿的行为。转移财产是指债务人将自己的财产转移到他处以减少其所有财产的行为。此外，需要注意的是债务人隐匿和转移财产的行为必须是以逃避债务为目的。

（2）债务人虚构或者承认不真实的债务的

债务人虚构或者承认不真实的债务，是债务人通过虚假增加债务人的人数或者提高债务人的债权数额，以减少真正债权人的清偿份额，损害债权人利益的行为。虚构债务，是指债务人主观上凭空捏造本不存在的债务，虚假增加债务人的人数，并使该"虚构的债务人"参加到债务人财产的分配中来，以减少真正债权人清偿份额的行为。承认不真实的债务，是指债务人在他人提出虚假债务请求时予以承认的行为。

第三十四条 追回因被撤销或无效行为取得的债务人的财产

因本法第三十一条、第三十二条或者第三十三条规定的行为而取得的债务人的财产，管理人有权追回。

第三十五条 债务人的出资人缴纳出资

人民法院受理破产申请后，债务人的出资人尚未完全履行出资义务的，管理人应当要求该出资人缴纳所认缴的出资，而不受出资期限的限制。

▶理解与适用

出资人的出资，构成公司等企业的注册资本，是公司等企业开展生产经营活动的物质基础。我国法律对出资人出资作出了明确的规定，基本要求是：出资人必须实际出资。出资人依照公司章程或者合同约定缴纳出资，是其必须履行的法定义务。当公司等企业生产经营状况发生变化，不能清偿到期债务，并且资产已经不足以清偿全部债务或者已经明显缺乏清偿债务能力，即依法可以进入破产程序时，如果其出资人还没有完全履行出资义务，不能因为企业已经进入破产程序而免除出资人的出资义务。因此，人民法院受理破产案件后，债务人的出资人尚未完全履行出资义务的，管理人有权要求该出资人缴纳所认缴的出资，而不受出资期限的限制。

▶条文参见

《刑法》第159条；《适用破产法规定（二）》第20条

第三十八条 管理人员非正常收入和财产的追回

债务人的董事、监事和高级管理人员利用职权从企业获取的非正常收入和侵占的企业财产，管理人应当追回。

▶理解与适用

[企业法人的财产与企业的董事、监事、高级管理人员的财产]

根据《公司法》及相关法律的规定，企业法人的财产与企业的董事、监事、高级管理人员的财产截然不同，企业法人对其财产享有占有、使用、收益和处分的权利，任何董事、监事、高级管理人员不得非法侵占企业的财产。此处所指的非法侵占企业的财产，主要包括两个方面，一是上述人员利用其职权从企业所获取的非正常收入，如非法提高自己的工资、给自己多分奖金等不正当减少企业财产的行为；二是指上述人员非法侵占的企业财产，如利用职务之便盗窃企业的财产、非法转移企业财产等。

[债务人的管理人员侵占企业财产时的处理]

企业的董事、监事、经理、副经理、财务负责人等高级管理人员，直接负责企业的生产经营活动，企业生产经营状况的好坏，与他们有着密切的关系。所以法律对这些人员规定了比一般企业职工更为严格的要求。进入破产程序的债务人的董事、监事、高级管理人员，本来就对债务人负有很大的责任，如果在生产经营过程中，还存在利用职权从企业获取非正常收入的情况，就属于故意违反法律规定，非法从企业谋取利益。对于这种从企业非法取得的利益，依法应当退还企业。如果董事、监事、高级管理人员利用职务之便侵占企业的财产，也必须依法退还企业。因此，管理人应当追回债务人的董事、监事、高级管理人员利用职权从企业获取的非正常收入和侵占的企业财产。

▶条文参见

《公司法》第181-186条；《刑法》第271、382、383条；《适用破产法规定（二）》第24条

▶典型案例指引

董某、某公司破产债权确认纠纷案〔（2023）最高法民申3201号〕

案件适用要点：在企业进入破产程序后，职工债权依法应优先受偿，以保障职工的基本生存权益。但由于高级管理人员薪资过高，如允许优先受偿不仅与破产法的立法目的相悖，还会损害其他债权人的合法权益，不利于破产重整计划的实施。

本案中，破产管理人清查后确认，董某享有的性质为职工债权的欠付工资金额为665712.89元，而其所主张的其余欠付工资转为普通债权，按普通债权的清偿率予以清偿。

第三十七条 管理人取回质物、留置物

人民法院受理破产申请后，管理人可以通过清偿债务或者提供为债权人接受的担保，取回质物、留置物。

前款规定的债务清偿或者替代担保，在质物或者留置物的价值低于被担保的债权额时，以该质物或者留置物当时的市场价值为限。

▶理解与适用

根据本条的规定，在人民法院受理破产申请后，管理人对于债务人在人民法院受理破产申请前出质给债权人的质物或者被债权人留置的留置物可以取回，其方式为清偿债权人的债权或者提供为债权人接受的替代担保。例如在破产申请受理前，债务人出质给债权人价值30万元的汽车以取得债权人20万元的借款，在债务人作为被申请人的破产申请受理后，管理人只能在清偿债权人的20万元的债权及其利息或者提供为债权人接受的替代担保的情况下，才能取回债务人的质物汽车。同时，根据本条第2款的规定，如果债务人的质物或者留置物的价值低于被担保的债权人的债权额的，管理人在清偿债务或者

提供替代担保时，应当以债务人的质物或者留置物当时的市场价值为限。例如，前述案例中债务人的质物汽车，在成立质押法律关系时价值为30万元，债务人取得了债权人20万元的借款，但是在人民法院受理债务人作为被申请人的破产申请后，该质物汽车的市场价值仅为15万元，此时，管理人取回债务人的质物汽车时，应当以15万元价值为限对债权人进行清偿或者提供替代担保，对于债权人未得以清偿的5万元债权，债权人可以将其作为无担保债权进行债权申报，而无权优先受偿。

第三十八条 权利人财产的取回

人民法院受理破产申请后，债务人占有的不属于债务人的财产，该财产的权利人可以通过管理人取回。但是，本法另有规定的除外。

▶理解与适用

[破产取回权]

破产取回权，是指财产的权利人可以不依破产程序，直接从管理人占有和管理的债务人财产中，取回原本不属于债务人财产的权利。破产取回权分为一般取回权和特殊取回权。本条规定的是一般取回权，第39条规定的是出卖人取回权，即特殊取回权。

根据《最高人民法院关于上诉人宁波金昌实业投资有限公司与被上诉人西北证券有限责任公司破产清算组取回权纠纷一案的请示的答复》，证券公司违规挪用客户资金和证券，关系清楚、财产并未混同，管理人追回后，可由相关权利人行使代偿性取回权。

[一般破产取回权及其构成要件]

所谓一般破产取回权，是指财产的权利人依照民法关于物的返还请求权的规定，从破产程序中的管理人处取回其财产的权利。一般破产取回权的行使，应当满足以下要件：

（1）一般破产取回权发生在人民法院受理破产申请后。人民法院受理破产申请是启动债务人破产程序的标志，此时人民法院指定的管理人要接管债务人占有的所有财产。对于那些不属于债务人的财产，应当由其权利人取回。

（2）一般破产取回权的权利主体是财产的权利人。此处的"权利人"，既包括对财产享有占有、使用、收益和处分权能的所有权人，也包括对财产享有占有权、用益物权和担保物权等他物权的权利人。

（3）一般破产取回权的义务主体是管理人。人民法院受理破产申请后，管理人接管债务人占有的所有财产，并依照法律的规定对其进行管理和处分，而此时的债务人则不能再继续管理和处分其占有的财产。

（4）财产的权利人取回的是债务人占有的不属于债务人的财产。破产程序开始后，债务人向管理人移交其占有的财产中，有些是债务人享有所有权的财产，而有些是债务人基于合法或者不合法的关系而占有的属于他人的财产，这些财产不属于债务人所有，因此不能作为破产财产对债权人进行分配。

▶典型案例指引

汪某、某公司一般取回权纠纷案［（2023）最高法民申1218号］

案件适用要点：根据《企业破产法》第38条的规定，破产取回权是指就破产程序中债务人占有的不属于债务人的他人财产，该财产的权利人有权通过管理人依法取回的权利。破产取回权作为破产法上的一项特殊权利，其权利行使的基础通常是物的返还请求权，而非债的履行请求权，主要由所有权人或其他物权人提出。汪某购买话费宝产品支出的款项进入话费宝账户后，汪某与某公司之间因话费宝款项成立债权债务关系。

41

案涉账户显示的余额为平台虚拟金额，实际充值的资金与某公司其他资金产生混同，不具备形式上可识别、可分离及管理特定化的独立属性，所有权属于某公司，因汪某对案涉话费宝账户余额并不享有排他性的所有权，在某公司依法进入破产程序后，汪某就案涉款项并不享有在企业破产程序中行使取回权的权利，其可依法以一般债权人身份与其他同顺位债权人平等参与破产财产的分配。

第三十九条　在途运输标的物的取回与交付

> 人民法院受理破产申请时，出卖人已将买卖标的物向作为买受人的债务人发运，债务人尚未收到且未付清全部价款的，出卖人可以取回在运途中的标的物。但是，管理人可以支付全部价款，请求出卖人交付标的物。

▶ 理解与适用

[出卖人行使取回权的条件]

（1）出卖人取回权适用于通过运输方式的买卖中。根据相关法律的规定及交易习惯，对于动产而言，买卖合同分为不需要通过运输的买卖和需要通过运输的买卖。在不需要运输的动产买卖中，出卖人交付标的物和买受人接受标的物的时间是一致的；而在需要运输的动产买卖中，出卖人交付标的物和买受人接受标的物的时间是不一致的，中间有一个运输的过程。因此，出卖人取回权应当适用于第二种买卖形式，即需要通过运输方式的买卖中。

（2）债务人尚未收到买卖标的物且未付清全部价款。在通过运输方式的买卖中，债务人在尚未收到买卖的标的物时，其并没有取得该买卖标的物的所有权，即此时买卖标的物的所有权仍然属于出卖人。这是出卖人取回权构成的前提和基础。同时，本条规定债务人还需要没有付清全部价款，如果管理人支付全部价款的话，其可以请求出卖人交付标的物，从而排除出卖人取回权的适用。

（3）出卖人取回权发生在人民法院受理破产申请时。人民法院受理破产申请标志着债务人破产程序的正式启动，在破产程序中，债务人不能进行正常的生产经营活动，也不能管理和处分其财产，债务人的所有财产很可能被列为破产财产，对其债权人进行破产清偿。出卖人在将买卖标的物交由承运人运输后且在作为买受人的债务人收到标的物和付清全部价款之前得知人民法院启动对债务人的破产程序的，出卖人才可以行使取回权。否则，如果人民法院并未受理有关债务人的破产申请，出卖人擅自取回其正在运输途中的买卖标的物的话，可能构成违约。

第四十条 抵销权

债权人在破产申请受理前对债务人负有债务的，可以向管理人主张抵销。但是，有下列情形之一的，不得抵销：

（一）债务人的债务人在破产申请受理后取得他人对债务人的债权的；

（二）债权人已知债务人有不能清偿到期债务或者破产申请的事实，对债务人负担债务的；但是，债权人因为法律规定或者有破产申请一年前所发生的原因而负担债务的除外；

（三）债务人的债务人已知债务人有不能清偿到期债务或者破产申请的事实，对债务人取得债权的；但是，债务人的债务人因为法律规定或者有破产申请一年前所发生的原因而取得债权的除外。

▶理解与适用

[不得行使抵销权的情形]

（1）债务人的债务人在破产申请受理后取得他人对债务

人的债权的。由于债权可自由转让，以相对低廉的价格购买对债务人的债权是很容易做到的。因此，为了杜绝债务人的债务人通过廉价购买对债务人的债权而由破产抵销免除债务的情况发生，债务人的债务人在破产申请受理后取得他人对债务人的债权的，不得用于抵销。

（2）债权人已知债务人有不能清偿到期债务或者破产申请的事实，对债务人负担债务的；但是，债权人因为法律规定或者有破产申请1年前所发生的原因而负担债务的除外。债权人在得知其债务人出现破产原因甚至已经提出破产申请的情况后，通常的反应就是设法抢先获得个别清偿。在这种情况下，如果法律对破产抵销没有限制，则债权人可以通过对债务人负债的方式取得债务人的财产。因此，凡是已知债务人有不能清偿到期债务或者申请破产的事实而对破产人负担债务的，必须如数清偿，不得以其债权加以抵销。但是如果能够证明债权人对债务人负担债务是基于法律的规定或者有破产申请1年前所发生的原因，则可以认为该债权人负担此债务时没有通过破产抵销获得抢先清偿的恶意，因而不在法律禁止之列。

（3）债务人的债务人已知债务人有不能清偿到期债务或者破产申请的事实，对债务人取得债权的，但是，债务人的债务人因为法律规定或者有破产申请1年前所发生的原因而取得债权的除外。债务人的债务人以取得对债务人的债权来使自己免除对破产财产的给付义务，其行为性质与上述情形相同，故不得用于抵销。但是，取得债权有法律规定的正当原因不在此限。

至于债务人的债务人已知债务人有不能清偿到期债务或者破产申请的事实，直接与债务人交易而取得的债权，如果该交易有恶意串通、显失公平等无效或可撤销事由，则除了不得适用破产抵销外，该债权还可适用无效或可撤销的规定，丧失破产债权的地位。

▶条文参见

《最高人民法院关于〈中华人民共和国企业破产法〉施行时尚未审结的企业破产案件适用法律若干问题的规定》第4条;《适用破产法规定(二)》第41-46条

第五章 破产费用和共益债务

第四十一条 破产费用

人民法院受理破产申请后发生的下列费用,为破产费用:
(一) 破产案件的诉讼费用;
(二) 管理、变价和分配债务人财产的费用;
(三) 管理人执行职务的费用、报酬和聘用工作人员的费用。

▶理解与适用

[破产费用的范围]

破产程序中对于破产费用的界定,关系到债权人和债务人合法权益的保护。因此,在司法实务中准确把握破产费用的范围,具有重要的意义。根据本条的规定,破产费用包括如下内容:

(1) 破产案件的诉讼费用。

破产案件的诉讼费用是指自破产程序开始到破产程序终结期间,人民法院审理破产案件所支付的费用,主要包括破产申请受理费用、公告费用、送达费用、法院召集债权人会议的费用、证据保全费用、财产保全费用、鉴定费用、勘验费用以及法院认为应由债务人财产支付的其他诉讼上的费用。

(2) 管理、变价和分配债务人财产的费用。

人民法院受理破产申请启动破产程序后，债务人便丧失了对企业财产的管理和处分的权利，而是由人民法院指定的管理人接管债务人的财产，对其财产进行管理、变价和分配，必然要支出相应的费用，这些费用为破产费用的组成部分，具体包括管理、变价和分配债务人财产的费用。

（3）管理人执行职务的费用、报酬和聘用工作人员的费用。

▶条文参见

《诉讼费用交纳办法》第13、14条；《最高人民法院关于〈中华人民共和国企业破产法〉施行时尚未审结的企业破产案件适用法律若干问题的规定》第5条；《最高人民法院关于适用〈中华人民共和国企业破产法〉若干问题的规定（三）》（以下简称《适用破产法规定（三）》）第1条

第四十二条　共益债务

人民法院受理破产申请后发生的下列债务，为共益债务：

（一）因管理人或者债务人请求对方当事人履行双方均未履行完毕的合同所产生的债务；

（二）债务人财产受无因管理所产生的债务；

（三）因债务人不当得利所产生的债务；

（四）为债务人继续营业而应支付的劳动报酬和社会保险费用以及由此产生的其他债务；

（五）管理人或者相关人员执行职务致人损害所产生的债务；

（六）债务人财产致人损害所产生的债务。

▶理解与适用

本条是关于破产程序中共益债务的规定。所谓共益债务，是指在破产申请受理后，为全体债权人的共同利益或者为进行

破产程序所必需负担的债务。共益债务和破产费用既有联系又有区别。两者的相同之处在于都是为债权人的共同利益而发生，都应当在债务人财产中优先拨付；不同之处在于破产费用是为破产程序顺利进行，为管理、变价和分配债务人财产而必须支出的"成本性"费用，而共益债务则是管理人执行破产程序中因合同、侵权、无因管理和不当得利等民事行为而由债务人财产承担的债务。

▶典型案例指引

1.甲公司、乙公司与破产有关的纠纷案[（2023）最高法民再270号]

案件适用要点：（1）《企业破产法》第42条第3项所称的"不当得利"系指破产程序启动后破产企业获得的不当得利，该不当得利导致破产财产的增加。本案中争议的2600万元系乙公司在2011年《补充协议》签订后为履行《资产转让协议》而向甲公司支付，即在人民法院受理破产程序前，甲公司已经取得该2600万元。乙公司因该2600万元的支付，取得请求甲公司向其支付相应财产的权利。《企业破产法》第30条规定"破产申请受理时属于债务人的全部财产，以及破产申请受理后至破产程序终结前债务人取得的财产，为债务人财产"。故在2018年人民法院受理甲公司破产申请时，该2600万元已经是甲公司的破产财产。破产管理人解除《资产转让协议》及《补充协议》的行为，并未导致甲公司破产财产的增加，只是导致乙公司依据《资产转让协议》及《补充协议》请求甲公司向其支付相应财产的权利受损，由此乙公司对甲公司有相应债权，但非《企业破产法》规定的共益债务。

（2）案涉债务是否可根据相关司法解释规定精神或参照相关批复及案件认定为共益债务。关于《适用破产法规定（二）》第11条和第36条所规定的管理人行使撤销权或所有权保留买卖中可以认定为共益债务的价款，均存在返还价款和返还占有物的双向返还，即已经存在标的物的转移占有问题，而案涉《资产转让协议》中并不存在标的物的转移占有，与前述规定的情形不具有可比性。共益债务清偿在破产程序中具有优先性，《企业破产法》和《适用破产法规定（二）》相关条文明确列明应认定为共益债务的情形，并无兜底条款。因此应严格按照相关规定对共益债务进行认定，不宜类推适用。如果不当扩大共益债务的范围，易导致利益失衡。

2. 汪某、海南某公司一般取回权纠纷案［（2023）最高法民申1218号］

案件适用要点：根据《企业破产法》第42条的规定，共益债务是指在破产程序中为全体债权人的共同利益由债务人财产及管理人而产生的债务。共益债务产生在破产程序开始后，系为了全体债权人共同利益而产生。破产程序开始后产生以及为了全体债权人的共同利益是认定共益债务的重要特征，也是区分共益债务与其他债务的重要标准。

第四十三条　破产费用和共益债务的清偿

> 破产费用和共益债务由债务人财产随时清偿。
>
> 债务人财产不足以清偿所有破产费用和共益债务的，先行清偿破产费用。
>
> 债务人财产不足以清偿所有破产费用或者共益债务的，按照比例清偿。
>
> 债务人财产不足以清偿破产费用的，管理人应当提请人民法院终结破产程序。人民法院应当自收到请求之日起十五日内裁定终结破产程序，并予以公告。

▶理解与适用

[破产费用和共益债务的清偿]

在破产程序中,破产费用、共益债务和破产债权,都是以债务人财产作为共同的责任财产,都要从债务人财产中受清偿。而破产费用和共益债务是在破产程序中为全体债权人的共同利益而发生的费用和负担的债务,应当由债务人财产先予支付和偿还,剩余的财产才用于清偿各项破产债权,即破产费用和共益债务应优先于破产债权受清偿。

本法第113条规定,破产财产在优先清偿破产费用和共益债务后,清偿各项破产债权。依此规定,在以破产财产向各破产债权人进行分配前,应先清偿所有的破产费用和共益债务,为该项清偿需提留必要的款项的,还应在破产分配时预先提留。破产财产在清偿破产费用和共益债务后的剩余部分,才能依照法定顺序清偿各项破产债权。

所谓"随时清偿",即对破产费用和共益债务,应按其应予支付和清偿的期限,由债务人财产随时拨付,予以清偿。例如,对管理人的报酬,应按照人民法院确定的数额和支付期限,由债务人财产及时支付。在破产程序中,如果发现债务人财产已不足以清偿破产费用和共益债务的,表明各债权人已不能从破产财产中获得任何清偿,再进行破产程序已无实际意义。为此,本条规定,"债务人财产不足以清偿破产费用的,管理人应当提请人民法院终结破产程序"。

[比例清偿]

这里的比例清偿,是共益债务之间的比例或者破产费用之间的比例,而不是破产费用和共益债务之间的比例。例如:破产费用50万元,共益债务400万元,其中欠A公司100万元,欠B公司300万元,假设债务人A公司的财产只有100万元,那么优先清偿破产费用50万元,剩余的50万元不足以清偿共益债务，按照规定，应该按照比例清偿，即：50万元×100÷400＝12.5万元，这是清偿A公司的部分。剩下的37.5万元是清偿B公司的部分。

▶条文参见

《企业破产法》第113条；《适用破产法规定（一）》第8条；《适用破产法规定（三）》第2条

▶典型案例指引

上海某某港实业有限公司破产清算转破产重整案（最高人民法院指导性案例第214号）

案件适用要点：人民法院审理涉流域港口码头经营企业破产重整案件，应当将环境污染治理作为实现重整价值的重要考量因素，及时消除影响码头经营许可资质存续的环境污染状态。

港口码头经营企业对相关基础设施建设、维护缺失造成环境污染，不及时治理将影响其破产重整价值的，应当由管理人依法进行治理。管理人请求将相关环境治理费用作为共益债务由债务人财产随时清偿的，人民法院依法应予支持。

第六章 债权申报

第四十四条 债权人依法定程序行使权利

人民法院受理破产申请时对债务人享有债权的债权人，依照本法规定的程序行使权利。

▶理解与适用

[破产企业欠缴税款产生的滞纳金是否属于破产债权]

根据《最高人民法院关于税务机关就破产企业欠缴税款产生的滞纳金提起的债权确认之诉应否受理问题的批复》（法释

〔2012〕9号），税务机关就破产企业欠缴税款产生的滞纳金提起的债权确认之诉，人民法院应依法受理。依照企业破产法、税收征收管理法的有关规定，破产企业在破产案件受理前因欠缴税款产生的滞纳金属于普通破产债权。对于破产案件受理后因欠缴税款产生的滞纳金，人民法院应当依照最高人民法院《关于审理企业破产案件若干问题的规定》第61条规定处理。

第四十五条 债权申报期限

人民法院受理破产申请后，应当确定债权人申报债权的期限。债权申报期限自人民法院发布受理破产申请公告之日起计算，最短不得少于三十日，最长不得超过三个月。

第四十六条 未到期的债权与附利息的债权的算定

未到期的债权，在破产申请受理时视为到期。
附利息的债权自破产申请受理时起停止计息。

▶条文参见

《最高人民法院关于〈中华人民共和国企业破产法〉施行时尚未审结的企业破产案件适用法律若干问题的规定》第6条

第四十七条 附条件、附期限债权与未决债权的申报

附条件、附期限的债权和诉讼、仲裁未决的债权，债权人可以申报。

第四十八条 申报债权的公示与异议

债权人应当在人民法院确定的债权申报期限内向管理人申报债权。

债务人所欠职工的工资和医疗、伤残补助、抚恤费用，

所欠的应当划入职工个人账户的基本养老保险、基本医疗保险费用,以及法律、行政法规规定应当支付给职工的补偿金,不必申报,由管理人调查后列出清单并予以公示。职工对清单记载有异议的,可以要求管理人更正;管理人不予更正的,职工可以向人民法院提起诉讼。

▶理解与适用

[劳动债权]

劳动债权,是指因破产宣告前的劳动关系而发生的债权,包括破产企业所欠职工工资和欠缴的基本社会保险费用,以及法律、行政法规规定应当支付给职工的补偿金等其他费用,但依政策性破产由破产企业土地使用权转让所得用于安置职工的职工安置费用除外。

▶条文参见

《最高人民法院关于〈中华人民共和国企业破产法〉施行时尚未审结的企业破产案件适用法律若干问题的规定》第10条;《适用破产法规定(三)》第3条

第四十九条 申报债权的书面说明

债权人申报债权时,应当书面说明债权的数额和有无财产担保,并提交有关证据。申报的债权是连带债权的,应当说明。

▶理解与适用

[申报债权应提交的证据]

债权人申报债权时,应当书面说明债权的数额和有无财产担保,并提供如下证据:(1)债权证明。即证明债权的真实性、有效性的文件,如合同、借据、法院判决等。(2)身份证明。债权人自己申报的应当提交合法有效的身份证明，代理申报人应当提交委托人的有效身份证明、授权委托书和债权证明。（3）担保证明。申报的债权有财产担保的，应当提交证明财产担保的证据。

破产案件受理后，债权人向人民法院提起新诉讼的，应予驳回。其起诉不具有债权申报的效力。

第五十条　连带债权人申报债权

连带债权人可以由其中一人代表全体连带债权人申报债权，也可以共同申报债权。

第五十一条　连带债务人申报债权

债务人的保证人或者其他连带债务人已经代替债务人清偿债务的，以其对债务人的求偿权申报债权。

债务人的保证人或者其他连带债务人尚未代替债务人清偿债务的，以其对债务人的将来求偿权申报债权。但是，债权人已经向管理人申报全部债权的除外。

▶理解与适用

［将来求偿权］

该规定是针对保证人或者连带债务人的将来求偿权所进行的规定。将来求偿权是指对债务人享有的非现实的、将来要求债务人清偿债务的权利。人民法院在受理破产案件后，债务人的保证人或者其他连带债务人，即使尚未代替债务人清偿债务，但由于债权人对于其未被偿付的部分，有权要求保证人或者其他连带债务人清偿。所以，债务人的保证人或者其他连带债务人，有可能在此后被要求代替债务人清偿债务，对于此要求，债务人的保证人或者其他连带债务人不得拒绝。债务人的保证人或者其他连带债务人代替债务人清偿债务后，就对债务人享有了债权。这种债权如果不进行申报，在破产程序进行过程中或者在破产程序终结后，债务人的保证人或者其他连带债务人的合法权益就可能受到损害，因此，债务人的保证人或者其他连带债务人尚未代替债务人清偿债务的，以其对债务人的将来求偿权申报债权。

如果债权人已经向管理人申报全部债权，那么保证人或者其他连带债务人就不再负有清偿全部债务的义务，其将来求偿权也就失去了存在的前提。因此，债务人的保证人或者其他连带债务人尚未代替债务人清偿债务，但债权人已经向管理人申报全部债权的，债务人的保证人或者其他连带债务人不得以其对债务人的将来求偿权申报债权。

[保证人债权的申报]

关于保证人债权的申报，当保证人代替债务人清偿债务的，保证人有权以其清偿额对债务人行使求偿权，即以清偿数额向管理人申报债权。保证人在法院受理破产案件前，未代替债务人清偿债务的，债权人可将其债权申报，参加破产财产分配；若债权人不参加破产程序的，保证人因负有代偿责任，故其可在申报债权的期限届满前以其保证债务的数额申报债权并参加分配。

▶条文参见

《民法典》第687条；《最高人民法院关于适用〈中华人民共和国民法典〉有关担保制度的解释》第23条

第五十二条 连带债务人的债权人申报债权

连带债务人数人被裁定适用本法规定的程序的，其债权人有权就全部债权分别在各破产案件中申报债权。

第五十三条　解除合同后对方当事人申报债权

　　管理人或者债务人依照本法规定解除合同的，对方当事人以因合同解除所产生的损害赔偿请求权申报债权。

第五十四条　受托人申报债权

　　债务人是委托合同的委托人，被裁定适用本法规定的程序，受托人不知该事实，继续处理委托事务的，受托人以由此产生的请求权申报债权。

第五十五条　票据付款人申报债权

　　债务人是票据的出票人，被裁定适用本法规定的程序，该票据的付款人继续付款或者承兑的，付款人以由此产生的请求权申报债权。

第五十六条　补充申报债权

　　在人民法院确定的债权申报期限内，债权人未申报债权的，可以在破产财产最后分配前补充申报；但是，此前已进行的分配，不再对其补充分配。为审查和确认补充申报债权的费用，由补充申报人承担。

　　债权人未依照本法规定申报债权的，不得依照本法规定的程序行使权利。

▶理解与适用

　　债权人未依照本法规定申报债权的，不得依照本法规定的程序行使权利。其后果是：第一，债务人破产清算的，除非债务人有保证人或者其他连带债务人，该未申报债权成为永久履行不能。第二，债务人重整的，该未申报债权在重整计划执行期间不得行使权利；在重整计划执行完毕后，可以按照重整计划规定的同类债权的清偿条件行使权利。第三，债务人和解的，该未申报债权在和解协议执行期间不得行使权利；在和解协议执行完毕后，可以按照和解协议规定的清偿条件行使权利。

▶条文参见

《最高人民法院关于〈中华人民共和国企业破产法〉施行时尚未审结的企业破产案件适用法律若干问题的规定》第8条

第五十七条 债权表

管理人收到债权申报材料后，应当登记造册，对申报的债权进行审查，并编制债权表。

债权表和债权申报材料由管理人保存，供利害关系人查阅。

▶条文参见

《适用破产法规定（三）》第6条

第五十八条 债权表的核查、确认与异议

依照本法第五十七条规定编制的债权表，应当提交第一次债权人会议核查。

债务人、债权人对债权表记载的债权无异议的，由人民法院裁定确认。

债务人、债权人对债权表记载的债权有异议的，可以向受理破产申请的人民法院提起诉讼。

▶条文参见

《适用破产法规定（三）》第7-9条

第七章 债权人会议

第一节 一般规定

第五十九条 债权人会议的组成

依法申报债权的债权人为债权人会议的成员,有权参加债权人会议,享有表决权。

债权尚未确定的债权人,除人民法院能够为其行使表决权而临时确定债权额的外,不得行使表决权。

对债务人的特定财产享有担保权的债权人,未放弃优先受偿权利的,对于本法第六十一条第一款第七项、第十项规定的事项不享有表决权。

债权人可以委托代理人出席债权人会议,行使表决权。代理人出席债权人会议,应当向人民法院或者债权人会议主席提交债权人的授权委托书。

债权人会议应当有债务人的职工和工会的代表参加,对有关事项发表意见。

▶理解与适用

[债权人会议]

债权人会议是在破产程序中代表全体债权人共同利益的意思表示机关,因此,由破产债务人的全体债权人组成。不论对债务人享有的债权是无财产担保的债权还是有财产担保的债权,也不论是数额确定的债权还是数额尚未确定的债权,除法律另有规定外,每一债权人都应成为债权人会议的成员,都能在债权人会议上就涉及债权人利益的议题发表自己的意见,表达自己的意志,在有表决权的多数债权人意志的基础上,形成代表全体债权人整体利益的共同意志。但是，未依本法的规定如期申报债权的债权人，视为其自愿放弃依破产程序受偿的权利，不能参加破产程序，自然也不能成为债权人会议的成员。

[债权人会议表决权的限制情形]

（1）对债务人的特定财产享有优先权的债权人没有表决权。

当然，如果享有担保权或者法定优先权的债权数额超过作为担保权或法定优先权标的的财产价值的，其未受清偿部分，得作为普通破产债权，债权人得以未受优先清偿的债权数额为限在债权人会议上行使表决权。如果有财产担保或者法定优先权的债权人，放弃其就特定财产优先受偿的权利，则同普通破产债权人无异，在债权人会议上享有表决权。

（2）债权不能确定的债权人没有表决权。

在破产程序中，债权人会议表决的事项，实行债权人人数和所代表的债权数额双重多数通过的原则。因此，债权人所拥有的债权数额必须确定，否则将无法根据债权数额来计算表决结果。

第六十条　债权人会议主席

债权人会议设主席一人，由人民法院从有表决权的债权人中指定。

债权人会议主席主持债权人会议。

第六十一条　债权人会议的职权

债权人会议行使下列职权：

（一）核查债权；

（二）申请人民法院更换管理人，审查管理人的费用和报酬；

（三）监督管理人；
（四）选任和更换债权人委员会成员；
（五）决定继续或者停止债务人的营业；
（六）通过重整计划；
（七）通过和解协议；
（八）通过债务人财产的管理方案；
（九）通过破产财产的变价方案；
（十）通过破产财产的分配方案；
（十一）人民法院认为应当由债权人会议行使的其他职权。

债权人会议应当对所议事项的决议作成会议记录。

第六十二条 债权人会议的召开

第一次债权人会议由人民法院召集，自债权申报期限届满之日起十五日内召开。

以后的债权人会议，在人民法院认为必要时，或者管理人、债权人委员会、占债权总额四分之一以上的债权人向债权人会议主席提议时召开。

第六十三条 通知债权人

召开债权人会议，管理人应当提前十五日通知已知的债权人。

▶ 理解与适用

为使债权人能够做好参加债权人会议的必要准备，以准时参加会议，充分发表自己的意见，行使自己的权利，应当将召开债权人会议的有关事项，提前书面通知债权人。依照本法的规定，人民法院在发布裁定受理破产申请的通知和公告中，应当列明第一次债权人会议召开的日期和地点。以后债权人会议的召开，应由管理人提前15日通知已知的债权人。通知应当载明召开债权人会议的时间、地点和议程。

第六十四条 债权人会议的决议

债权人会议的决议，由出席会议的有表决权的债权人过半数通过，并且其所代表的债权额占无财产担保债权总额的二分之一以上。但是，本法另有规定的除外。

债权人认为债权人会议的决议违反法律规定，损害其利益的，可以自债权人会议作出决议之日起十五日内，请求人民法院裁定撤销该决议，责令债权人会议依法重新作出决议。

债权人会议的决议，对于全体债权人均有约束力。

▶理解与适用

［债权人会议决议的通过］

债权人会议是代表全体债权人整体利益的意思表示机关，应当在多数债权人意思表示的基础上，体现全体债权人的共同意愿。为此，凡依法应由债权人会议决定的事项，必须获得有表决权的债权人会议成员的多数同意，才能通过。

本法规定，债权人会议的决议，由出席会议的有表决权的债权人的过半数通过，并且其所代表的债权额占无财产担保债权总额的1/2以上；但是，通过和解协议草案的决议，必须占无财产担保债权总额的2/3以上。债权人会议通过重整计划草案，则实行按债权分类分组表决的办法，本法对此另作了专门规定。

［债权人会议决议的撤销］

破产程序中设立债权人会议的宗旨，在于赋予全体债权人适当的自治权，以维护全体债权人的共同利益。债权人会议作出的任何决议，均应符合债权人会议的宗旨，不得损害部分债权人的合法权益。否则，利益受到损害的债权人有权对债权人会议通过的决议提出异议，要求撤销该项决议。本条第2款对此作了相应的规定。

▶条文参见

《最高人民法院关于〈中华人民共和国企业破产法〉施行时尚未审结的企业破产案件适用法律若干问题的规定》第12条；《适用破产法规定（三）》第11-14条

第六十五条　法院裁定事项

本法第六十一条第一款第八项、第九项所列事项，经债权人会议表决未通过的，由人民法院裁定。

本法第六十一条第一款第十项所列事项，经债权人会议二次表决仍未通过的，由人民法院裁定。

对前两款规定的裁定，人民法院可以在债权人会议上宣布或者另行通知债权人。

第六十六条　债权人申请复议

债权人对人民法院依照本法第六十五条第一款作出的裁定不服的，债权额占无财产担保债权总额二分之一以上的债权人对人民法院依照本法第六十五条第二款作出的裁定不服的，可以自裁定宣布之日或者收到通知之日起十五日内向该人民法院申请复议。复议期间不停止裁定的执行。

▶理解与适用

[破产程序的公平与效率]

破产程序作为保证破产财产在债权人之间公平分配的程序，必须保证公平，但同时也应讲求效率。在须经债权人会议表决的事项中，有些必须办的事项，可能会因为债权人利益和要求的不一致而难以取得表决通过所需的双重多数。为避免破产清算程序因债权人会议不能形成决议而久拖不决，本法规定，对破产财产的管理方案、变价方案，经债权人会议表决未通过的，由人民法院作出裁定；对破产财产的分配方案，经债权人会议二次表决仍不能通过的，由人民法院作出裁定。债权人对人民法院作出的裁定不服的，可以依照本条的规定向作出裁定的人民法院申请复议，但复议期间不影响裁定的执行。

▶条文参见

《最高人民法院关于〈中华人民共和国企业破产法〉施行时尚未审结的企业破产案件适用法律若干问题的规定》第13条

第二节 债权人委员会

第六十七条 债权人委员会的组成

债权人会议可以决定设立债权人委员会。债权人委员会由债权人会议选任的债权人代表和一名债务人的职工代表或者工会代表组成。债权人委员会成员不得超过九人。

债权人委员会成员应当经人民法院书面决定认可。

▶理解与适用

债权人委员会不是法定的必设机构，其设立与否由债权人会议自行决定。对破产财产数额较小、债权人数量较少的破产案件，可以不设债权人委员会。债权人委员会是债权人会议的代表机构，其成员应由债权人会议决定。依照本法的规定，债权人委员会成员应由债权人会议按照法定的表决程序，从债权人中选任。为维护破产企业职工的权益，债权人委员会成员中还必须有一名职工代表或者工会代表。

第六十八条 债权人委员会的职权

债权人委员会行使下列职权：
（一）监督债务人财产的管理和处分；
（二）监督破产财产分配；
（三）提议召开债权人会议；
（四）债权人会议委托的其他职权。

债权人委员会执行职务时，有权要求管理人、债务人的有关人员对其职权范围内的事务作出说明或者提供有关文件。

管理人、债务人的有关人员违反本法规定拒绝接受监督的，债权人委员会有权就监督事项请求人民法院作出决定；人民法院应当在五日内作出决定。

第六十九条 管理人行为的告知

管理人实施下列行为，应当及时报告债权人委员会：
（一）涉及土地、房屋等不动产权益的转让；
（二）探矿权、采矿权、知识产权等财产权的转让；
（三）全部库存或者营业的转让；
（四）借款；
（五）设定财产担保；
（六）债权和有价证券的转让；
（七）履行债务人和对方当事人均未履行完毕的合同；
（八）放弃权利；
（九）担保物的取回；
（十）对债权人利益有重大影响的其他财产处分行为。

未设立债权人委员会的，管理人实施前款规定的行为应当及时报告人民法院。

▶理解与适用

本条详细列举了管理人应当向债权人委员会报告的工作内容，实际上是本法第68条规定的债权人委员会监督对债务人财产的管理和处分行为的具体化，是从管理人义务的角度对监督内容作出的规定。

▶条文参见

《企业破产法》第68条；《适用破产法规定（三）》第15条

第八章 重　　整

第一节　重整申请和重整期间

第七十条　重整申请

> 债务人或者债权人可以依照本法规定，直接向人民法院申请对债务人进行重整。
>
> 债权人申请对债务人进行破产清算的，在人民法院受理破产申请后、宣告债务人破产前，债务人或者出资额占债务人注册资本十分之一以上的出资人，可以向人民法院申请重整。

▶理解与适用

［破产重整制度］

破产重整制度是本法新引入的一项制度，是对可能或已经发生破产原因但又有希望再生的债务人，通过各方利害关系人的协商，并借助法律强制性地调整他们的利益，对债务人进行生产经营上的整顿和债权债务关系上的清理，以期摆脱财务困境，重获经营能力的特殊法律制度。通过破产重整，可以使债务人重获新生，避免因企业破产清算而带来的职工下岗等一系列社会问题，体现了现代破产法实施破产预防的目的。

按照本条的规定，可以申请对债务人进行破产重整的包括三类当事人：债权人、债务人以及出资额占债务人注册资本1/10以上的出资人。

▶条文参见

《企业破产法》第2、7、134条

第七十一条 裁定重整与公告

> 人民法院经审查认为重整申请符合本法规定的，应当裁定债务人重整，并予以公告。

▶理解与适用

[重整申请的审查]

人民法院收到申请人提交的重整申请书和有关证据以后，应当依法进行审查。审查的目的在于审核债务人是否符合法律规定的进行重整的条件。审查包括两个方面：(1)实质审查。主要审查债务人是否具有不能清偿到期债务，并且资产不足以清偿全部债务或者明显缺乏清偿能力，或者有明显丧失清偿能力可能的情形，即法律规定的可以进行重整的条件。(2)形式审查。主要是对申请人的资格、申请书的形式和内容、接收重整申请书的法院有无管辖权、重整费用的缴纳等事项进行审查。

[裁定重整并公告]

人民法院对重整申请进行审查以后，认为重整申请符合本法规定条件的，即应当作出准许债务人重整的裁定，并予以公告。公告应当载明申请人、被申请人的名称或者姓名，人民法院裁定债务人重整开始的时间，申报债权的期限、地点和申报的注意事项，管理人的名称或者姓名及其处理事务的地址，债务人的债务人或者财产持有人应当向管理人清偿债务或者交付财产的要求，第一次债权人会议召开的时间、地点以及人民法院认为应当公告的其他事项。

第七十二条 重整期间

自人民法院裁定债务人重整之日起至重整程序终止，为重整期间。

第七十三条 债务人自行管理与营业

在重整期间，经债务人申请，人民法院批准，债务人可以在管理人的监督下自行管理财产和营业事务。

有前款规定情形的，依照本法规定已接管债务人财产和营业事务的管理人应当向债务人移交财产和营业事务，本法规定的管理人的职权由债务人行使。

▶ 理解与适用

［重整期间对债务人的行为限制］

本法规定，自人民法院裁定债务人重整之日起至重整程序终止，为重整期间。重整期间又被称为重整保护期，其间对各方当事人的行为要进行一定的限制：（1）经债务人申请，人民法院批准，债务人可以在管理人的监督下自行管理财产和营业事务。即在重整期间，可以恢复债务人对其财产的管理权。（2）对债务人的特定财产享有的担保权暂停行使。但是，担保物有损坏或者价值明显减少的可能，足以危害担保权人权利的，担保权人可以向人民法院请求恢复行使担保权。（3）债务人合法占有的他人财产，该财产的权利人请求取回的，应当符合事先约定的条件。（4）债务人的出资人不得请求投资收益分配。（5）债务人的董事、监事、高级管理人员除经人民法院同意，不得向第三人转让其持有的债务人的股权。

▶条文参见

《企业破产法》第 25 条

第七十四条　管理人管理与营业

管理人负责管理财产和营业事务的，可以聘任债务人的经营管理人员负责营业事务。

第七十五条　重整期间担保权的行使与借款

在重整期间，对债务人的特定财产享有的担保权暂停行使。但是，担保物有损坏或者价值明显减少的可能，足以危害担保权人权利的，担保权人可以向人民法院请求恢复行使担保权。

在重整期间，债务人或者管理人为继续营业而借款的，可以为该借款设定担保。

▶理解与适用

[重整期间行使担保权]

担保权的行使，主要是通过以债务人的特定财产折价或者以拍卖、变卖该财产的价款优先受偿，其后果是导致债务人现有财产的减少。这对于处于重整期间的债务人而言，是十分不利的。因为进入重整程序的债务人，本来就已经处于十分困难的境地，进行重整的目的就是想通过重整，在现有实际占有财产的基础上，通过继续营业，摆脱困境，如果此时再减少其财产，等于是削弱其继续营业的物质基础。因此，在重整期间，对债务人的特定财产享有的担保权暂停行使。但是，担保物有损坏或者价值明显减少的可能，足以危害担保权人权利的，担保权人可以向人民法院请求恢复行使担保权。

[重整期间债务人提供担保]

债务人提供担保,等于是增加新的债务,不利于已有债权人的利益。因此,本法规定,在人民法院受理破产申请前1年内,对没有财产担保的债务提供担保的,管理人有权请求人民法院予以撤销;因此取得的债务人财产,管理人有权追回。但是,在重整期间,如果还是一律不允许设定新的担保,将产生因继续营业急需补充适当资金但又无法借款等现实问题,从而无法实现重整目标。因此,针对重整期间的特殊情况,在特定条件下,仍然可以提供担保。

(1)为继续营业需要取回质物、留置物而提供替代担保。在重整期间,债务人或者管理人为了继续营业,可以通过提供为债权人接受的担保,取回质物、留置物。

(2)为继续营业需要借款而设定担保。所谓借款,是指借款人向贷款人借款,到期返还借款并支付利息的行为。在重整期间,债务人或者管理人为了继续营业而借款的,可以为该借款设定担保。

第七十六条 重整期间的取回权

债务人合法占有的他人财产,该财产的权利人在重整期间要求取回的,应当符合事先约定的条件。

▶ 理解与适用

[取回权]

本条是关于取回权的规定。所谓取回权,是指由债务人合法占有但不属于债务人财产范围的财产,其权利人在重整期间行使取回该财产的权利。所谓合法占有,是指债务人占有他人财产,具有法律规定或者合同约定的依据。如债务人通过与他人签订机器设备的租赁合同，租用他人的机器设备，即为依据租赁合同的约定合法占有他人的机器设备。在重整期间，债务人合法占有的他人财产，该财产的权利人不能因为债务人进行重整而要求取回。如果该财产的权利人要求取回财产的，应当符合原来约定的条件，如机器设备的租赁期限届满等，方可要求取回。

第七十七条 重整期间对出资人收益分配与董事、监事、高级管理人员持股转让的限制

> 在重整期间，债务人的出资人不得请求投资收益分配。
>
> 在重整期间，债务人的董事、监事、高级管理人员不得向第三人转让其持有的债务人的股权。但是，经人民法院同意的除外。

▶ 理解与适用

破产重整裁定生效后，出资人和企业管理人员的权利都受到限制。在重整程序中，债权人的权利受到限制，出资人和企业管理人员的权利也受到限制。

(1) 债务人的出资人不得请求投资收益分配。请求投资收益分配，意味着债务人财产的减少，从而可能影响债权人的利益。即使在重整期间的经营状况明显好转，取得较好的生产经营收入，也应当先清偿债务、弥补亏损，而不能将收入直接分配给出资人。

(2) 债务人的董事、监事、高级管理人员，不得向第三人转让其个人对债务人持有的股权。但是，经人民法院同意的除外。如果董事、监事、高级管理人员转让自己持有的股权，不仅有可能影响债权人的利益，还有可能影响第三人的利益，因此不得向第三人转让其个人对债务人持有的股权。

第七十八条　重整终止与破产宣告

在重整期间,有下列情形之一的,经管理人或者利害关系人请求,人民法院应当裁定终止重整程序,并宣告债务人破产:

(一)债务人的经营状况和财产状况继续恶化,缺乏挽救的可能性;

(二)债务人有欺诈、恶意减少债务人财产或者其他显著不利于债权人的行为;

(三)由于债务人的行为致使管理人无法执行职务。

▶理解与适用

[破产重整程序终止]

根据本条和第79条规定,在重整计划提交表决前,可以基于两种原因提前终止重整程序:

(1)继续重整存在重大障碍。如果债务人的经济状况或者行为显示其没有挽救可能,应当立即终止重整并转入破产清算,以避免因债务人财产的无谓消耗给债权人带来清偿利益的损失。

(2)未按时提交重整计划草案。为了减少重整程序的成本和避免重整程序的滥用,本法对提交重整计划草案有严格的时间规定。根据第79条的规定,债务人或者管理人应当自人民法院裁定债务人重整之日起6个月内,或者在人民法院裁定延期后的3个月内,没有向人民法院和债权人会议提交重整计划草案的,人民法院应当裁定终止重整程序,并宣告债务人破产。

第二节 重整计划的制定和批准

第七十九条　重整计划草案的提交期限

债务人或者管理人应当自人民法院裁定债务人重整之日起六个月内,同时向人民法院和债权人会议提交重整计划草案。

前款规定的期限届满,经债务人或者管理人请求,有正当理由的,人民法院可以裁定延期三个月。

债务人或者管理人未按期提出重整计划草案的,人民法院应当裁定终止重整程序,并宣告债务人破产。

第八十条　重整计划草案的制作主体

债务人自行管理财产和营业事务的,由债务人制作重整计划草案。

管理人负责管理财产和营业事务的,由管理人制作重整计划草案。

第八十一条　重整计划草案的内容

重整计划草案应当包括下列内容:

(一)债务人的经营方案;

(二)债权分类;

(三)债权调整方案;

(四)债权受偿方案;

(五)重整计划的执行期限;

(六)重整计划执行的监督期限;

(七)有利于债务人重整的其他方案。

▶理解与适用

[债务人的经营方案]

债务人的经营方案是制定重整计划草案的重中之重。经营方案应当对债务人的资产状况、产品结构、市场前景等进行深入分析和论证，找出债务人陷入濒临破产困境的原因，并以此提出解决之道。在制定经营方案时，应根据债务人的具体情况，有的放矢，提供切实可行的方案。

[债权分类]

将各种利害关系人分门别类，分组表决，是本法对重组计划表决方式的规定。债权根据性质不同，其让步幅度和清偿顺序也有所区别，一般可分为以下四类：（1）对债务人的特定财产享有担保权的债权；（2）债务人所欠职工的工资和医疗、伤残补助、抚恤费用，所欠的应当划入职工个人账户的基本养老保险、基本医疗保险费用，以及法律、行政法规规定应当支付给职工的补偿金；（3）债务人所欠税款；（4）普通债权，即由于各种合同违约或侵权形成的他人对债务人的债权以及担保权人放弃优先权或未受偿优先权而转成的普通债权。

[债权调整方案]

债权调整方案是债务人对重整计划具体措施的体现，内容涉及企业整体情况的处理；企业重新发展的资金来源，主要包括可借入资本、出售部分财产换取资金、股份公司可征得证券监管部门的同意增发股票或债券募集资金或进行合理的资本置换等。

[债权受偿方案]

在债权受偿方案中，应规定各类债权变动的具体情况，债权的受偿时间、金额，受偿方式和受偿条件，履行的担保等。

[重整计划的执行期限]

确定重整计划的执行期限应该恰当，以3年至5年为宜。

执行期限过长，如定为10年或20年，不利于保护债权人利益；如果过短，难免操之过急，不利于重整计划的实现。

[重整计划执行的监督期限]

对重整计划的执行进行监督是保证重整计划执行效果的一种重要手段。为了保证债务人严格按照重整计划进行企业重整工作，积极争取实现重整目标，在重整计划规定的监督期内，由管理人监督重整计划的执行。债务人应当向管理人报告重整计划执行情况和债务人财务状况。

[有利于债务人重整的其他方案]

此项属于任意性内容，其内容可根据不同重整案件的具体情况而定，主要包括：待履行合同的终止或确认；债务人对抗第三方权利的行使或调整；债务人财产的运用；其他与重整计划有关的重要问题。

第八十二条 债权分类与重整计划草案分组表决

下列各类债权的债权人参加讨论重整计划草案的债权人会议，依照下列债权分类，分组对重整计划草案进行表决：

（一）对债务人的特定财产享有担保权的债权；

（二）债务人所欠职工的工资和医疗、伤残补助、抚恤费用，所欠的应当划入职工个人账户的基本养老保险、基本医疗保险费用，以及法律、行政法规规定应当支付给职工的补偿金；

（三）债务人所欠税款；

（四）普通债权。

人民法院在必要时可以决定在普通债权组中设小额债权组对重整计划草案进行表决。

▶理解与适用

[分组表决]

分组表决是指将债权人按不同标准分为若干小组，再以小组为单位进行分别表决，然后按各组表决的结果计算债权人会议表决的结果。分组表决基于公平原则与平等原则，目的在于相同权利同等对待。

第八十三条　不得减免的费用

重整计划不得规定减免债务人欠缴的本法第八十二条第一款第二项规定以外的社会保险费用；该项费用的债权人不参加重整计划草案的表决。

第八十四条　重整计划草案的表决

人民法院应当自收到重整计划草案之日起三十日内召开债权人会议，对重整计划草案进行表决。

出席会议的同一表决组的债权人过半数同意重整计划草案，并且其所代表的债权额占该组债权总额的三分之二以上的，即为该组通过重整计划草案。

债务人或者管理人应当向债权人会议就重整计划草案作出说明，并回答询问。

▶条文参见

《企业破产法》第64、97条

第八十五条　出资人代表列席会议与出资人组表决

债务人的出资人代表可以列席讨论重整计划草案的债权人会议。

重整计划草案涉及出资人权益调整事项的，应当设出资人组，对该事项进行表决。

第八十六条　表决通过重整计划与重整程序终止

各表决组均通过重整计划草案时，重整计划即为通过。

自重整计划通过之日起十日内，债务人或者管理人应当向人民法院提出批准重整计划的申请。人民法院经审查认为符合本法规定的，应当自收到申请之日起三十日内裁定批准，终止重整程序，并予以公告。

▶典型案例指引

江苏苏醇酒业有限公司及关联公司实质合并破产重整案（最高人民法院指导性案例第164号）

案件适用要点：在破产重整过程中，破产企业面临生产许可证等核心优质资产灭失、机器设备闲置贬损等风险，投资人亦希望通过试生产全面了解企业经营实力的，管理人可以向人民法院申请由投资人先行投入部分资金进行试生产。破产企业核心资产的存续直接影响到破产重整目的实现，管理人的申请有利于恢复破产企业持续经营能力，有利于保障各方当事人的利益，该试生产申请符合破产保护理念，人民法院经审查，可以准许。同时，投资人试生产在获得准许后，应接受人民法院、管理人及债权人的监督，以公平保护各方的合法权益。

第八十七条　裁定批准重整计划与重整程序终止

部分表决组未通过重整计划草案的，债务人或者管理人可以同未通过重整计划草案的表决组协商。该表决组可以在协商后再表决一次。双方协商的结果不得损害其他表决组的利益。

未通过重整计划草案的表决组拒绝再次表决或者再次表决仍未通过重整计划草案，但重整计划草案符合下列条件的，债务人或者管理人可以申请人民法院批准重整计划草案：

（一）按照重整计划草案，本法第八十二条第一款第一项所列债权就该特定财产将获得全额清偿，其因延期清偿所受的损失将得到公平补偿，并且其担保权未受到实质性损害，或者该表决组已经通过重整计划草案；

（二）按照重整计划草案，本法第八十二条第一款第二项、第三项所列债权将获得全额清偿，或者相应表决组已经通过重整计划草案；

（三）按照重整计划草案，普通债权所获得的清偿比例，不低于其在重整计划草案被提请批准时依照破产清算程序所能获得的清偿比例，或者该表决组已经通过重整计划草案；

（四）重整计划草案对出资人权益的调整公平、公正，或者出资人组已经通过重整计划草案；

（五）重整计划草案公平对待同一表决组的成员，并且所规定的债权清偿顺序不违反本法第一百一十三条的规定；

（六）债务人的经营方案具有可行性。

人民法院经审查认为重整计划草案符合前款规定的，应当自收到申请之日起三十日内裁定批准，终止重整程序，并予以公告。

第八十八条　终止重整和宣告破产

重整计划草案未获得通过且未依照本法第八十七条的规定获得批准，或者已通过的重整计划未获得批准的，人民法院应当裁定终止重整程序，并宣告债务人破产。

第三节 重整计划的执行

第八十九条 重整计划的执行主体

重整计划由债务人负责执行。

人民法院裁定批准重整计划后,已接管财产和营业事务的管理人应当向债务人移交财产和营业事务。

▶理解与适用

所谓重整计划的执行,是指对重整计划的具体实施,即将重整计划规定的内容付诸实际。重整计划的执行,是重整程序的最终落脚点,也是重整目的能否实现的实际检验。根据本法的规定,重整计划的执行,涉及由谁负责执行重整计划、由谁监督重整计划的执行、重整计划的法律效力以及重整计划没有得到执行或者执行完毕的法律后果等具体要求。

重整计划经人民法院批准以后,由债务人负责执行。债务人应当认真执行重整计划,严格按照重整计划规定的要求履行职责。管理人已经接管债务人财产和营业事务的,在人民法院裁定批准重整计划以后,应当及时向债务人移交接管的财产和营业事务,以保证债务人执行重整计划。

第九十条 重整计划执行的监督与报告

自人民法院裁定批准重整计划之日起,在重整计划规定的监督期内,由管理人监督重整计划的执行。

在监督期内,债务人应当向管理人报告重整计划执行情况和债务人财务状况。

▶理解与适用

［重整计划执行监督］

重整计划执行监督是指监督人对重整计划的执行进行全面监督的行为。本法将管理人作为重整计划执行监督人。监督人的职责是对重整计划执行人进行监督和指挥，但本身又须受人民法院的监督。重整计划经过严格的程序发生法律效力后，在执行过程中，必须严格履行，不允许擅自变更。管理人就是为此而监督重整计划的执行。

第九十一条　监督报告与监督期限的延长

监督期届满时，管理人应当向人民法院提交监督报告。自监督报告提交之日起，管理人的监督职责终止。

管理人向人民法院提交的监督报告，重整计划的利害关系人有权查阅。

经管理人申请，人民法院可以裁定延长重整计划执行的监督期限。

第九十二条　重整计划的约束力

经人民法院裁定批准的重整计划，对债务人和全体债权人均有约束力。

债权人未依照本法规定申报债权的，在重整计划执行期间不得行使权利；在重整计划执行完毕后，可以按照重整计划规定的同类债权的清偿条件行使权利。

债权人对债务人的保证人和其他连带债务人所享有的权利，不受重整计划的影响。

▶理解与适用

经人民法院裁定批准的重整计划，是在债权人会议表决的基础上形成的关于债务人重整的计划，因此对债务人和全体债权人均有约束力。债权人未依照本法规定申报债权的，在重整计划执行期间不得行使权利。在重整计划执行期间，无论是否申报债权，破产债权都不得行使。在重整计划执行完毕后，可以按照重整计划规定的同类债权的清偿条件行使权利。债权人对债务人的保证人和其他连带债务人所享有的权利，不受重整计划的影响。债权人可以要求债务人的保证人和其他连带债务人清偿债务，债务人的保证人和其他连带债务人在清偿债务之前，可以申报债权，预先行使追偿权，但最终获得多大比例的分配，则根据案件具体情况而定。

第九十三条　重整计划的终止

债务人不能执行或者不执行重整计划的，人民法院经管理人或者利害关系人请求，应当裁定终止重整计划的执行，并宣告债务人破产。

人民法院裁定终止重整计划执行的，债权人在重整计划中作出的债权调整的承诺失去效力。债权人因执行重整计划所受的清偿仍然有效，债权未受清偿的部分作为破产债权。

前款规定的债权人，只有在其他同顺位债权人同自己所受的清偿达到同一比例时，才能继续接受分配。

有本条第一款规定情形的，为重整计划的执行提供的担保继续有效。

▶ 理解与适用

［申请重整计划终止执行的主体］

重整成功与否，不仅关系到重整企业的利益，同时也与出资人、债权人等与企业有利害关系的人的利益相关联。当重整企业出现终止重整程序的情形时，受损害的是利害关系人，故原则上重整计划终止的启动应尊重利害关系人的意志。利害关系人提出申请，由法院裁定终止重整程序。

[重整计划终止执行的原因]

债务人不能执行重整计划的,人民法院应当裁定终止重整计划的执行。债务人不能执行,是指债务人执行重整计划存在客观不能的情况;债务人不执行重整计划的,人民法院应当裁定终止重整计划的执行。债务人不执行,是指债务人存在主观不能的情况。

[重整计划终止执行的效力]

程序上的效力为同时宣告债务人破产;实体上的效力,主要是对债权人的效力:(1)债权人因重整计划实施所受的清偿仍然有效。债权未受偿的部分,作为破产债权行使权利。接受了部分清偿的债权人,只有在其他债权人所受的清偿达到同一比例时,才能继续接受分配。(2)债权人在重整计划中作出的让步失去效力。(3)为重整计划执行提供的担保,在重整计划规定的担保范围内继续有效。

第九十四条 重整计划减免的债务不再清偿

按照重整计划减免的债务,自重整计划执行完毕时起,债务人不再承担清偿责任。

第九章 和 解

第九十五条 和解申请

债务人可以依照本法规定,直接向人民法院申请和解;也可以在人民法院受理破产申请后、宣告债务人破产前,向人民法院申请和解。

债务人申请和解,应当提出和解协议草案。

▶理解与适用

［提出和解申请的主体］

提出和解申请的主体是债务人，即不能清偿到期债务，并且资产不足以清偿全部债务或者明显缺乏清偿能力的企业法人。根据本法第7条第1款的规定，债务人享有和解申请权。同时，债务人在具有法定情形时，享有申请重整、和解或者破产清算的选择权。根据本法第7条第2款的规定，债权人只能提出对债务人进行重整或者破产清算的申请，而不能提出和解的申请，即不享有和解申请权。

［提出和解申请的条件］

债务人提出和解申请的条件是应当具有法定情形，即具有本法第2条第1款规定的"不能清偿到期债务，并且资产不足以清偿全部债务或者明显缺乏清偿能力"的情形。至于债务人应当在什么时候提出和解申请，本条第1款允许债务人既可以直接向人民法院提出和解申请，也可以在法院受理破产申请后、宣告破产前申请和解，赋予债务人和解申请权行使的更大空间。

▶条文参见

《企业破产法》第7条；《最高人民法院关于〈中华人民共和国企业破产法〉施行时尚未审结的企业破产案件适用法律若干问题的规定》第1条

第九十八条　裁定和解

人民法院经审查认为和解申请符合本法规定的，应当裁定和解，予以公告，并召集债权人会议讨论和解协议草案。

对债务人的特定财产享有担保权的权利人，自人民法院裁定和解之日起可以行使权利。

▶典型案例指引

江苏某国际集团有限公司与江苏省某交易中心有限公司破产清算转和解案（《最高人民法院公报》2023年第8期）

案件适用要点：对于具备挽救希望和挽救价值的中小微企业，应积极引导企业通过破产和解程序解决债务危机。探索运用预表决规则，通过听证程序征询全体债权人意见，在转入和解程序后根据已通过的表决规则，及时裁定认可和解协议，高效推进和解程序，推动中小微企业快速重生，实现稳市场主体保民生就业。

第九十七条 通过和解协议

债权人会议通过和解协议的决议，由出席会议的有表决权的债权人过半数同意，并且其所代表的债权额占无财产担保债权总额的三分之二以上。

第九十八条 裁定认可和解协议并终止和解程序

债权人会议通过和解协议的，由人民法院裁定认可，终止和解程序，并予以公告。管理人应当向债务人移交财产和营业事务，并向人民法院提交执行职务的报告。

▶理解与适用

债权人会议通过的和解协议并不当然具有法律效力，还必须经人民法院的审查和许可。人民法院应对债权人会议通过的和解协议进行审查，审查决议程序是否合法，是否违反法律、行政法规，协议是否损害了债权人的一般利益，如果没有不应认可的法定事由，人民法院应当认可和解协议。人民法院认可和解协议的，应当作出裁定，同时终止和解程序，并予以公告。和解协议自公告之日起对所有债权人均有约束力。人民法院裁定终止和解程序的，管理人应当向债务人移交财产和营业事务，并向人民法院提交执行职务的报告。

> **第九十九条** 和解协议的否决与宣告破产
>
> 和解协议草案经债权人会议表决未获得通过，或者已经债权人会议通过的和解协议未获得人民法院认可的，人民法院应当裁定终止和解程序，并宣告债务人破产。

> **第一百条** 和解协议的约束力
>
> 经人民法院裁定认可的和解协议，对债务人和全体和解债权人均有约束力。
>
> 和解债权人是指人民法院受理破产申请时对债务人享有无财产担保债权的人。
>
> 和解债权人未依照本法规定申报债权的，在和解协议执行期间不得行使权利；在和解协议执行完毕后，可以按照和解协议规定的清偿条件行使权利。

▶ 理解与适用

所谓和解协议的生效，是指和解协议开始发生法律约束力。本条明确规定，经人民法院裁定认可的和解协议，对债务人和全体和解债权人均有约束力。所谓和解债权人，是指人民法院受理破产申请时对债务人享有无财产担保债权的人，即普通债权人，包括不同意和解协议的债权人。债权人应当按照和解协议的规定接受清偿，不得向债务人要求和解协议规定以外的任何利益。只要债务人没有出现法定的、应予终结和解程序、宣告破产的事由，任何债权人均不得超越和解协议的约定实施干扰债务人正常生产经营和清偿活动的行为。

值得注意的是，和解协议对于在和解协议生效后发生的新债权不生效力。因为在和解协议生效后，债务人重新获得了对财产的支配权，为再生的需要，他必然要与他人发生新的交易，产生新的债权人。和解协议对这些新的债权人不产生任何效力，新债权人可以在和解协议外请求法院个别执行，债务人不能清偿债务的，甚至可以向法院申请债务人破产。

和解债权人没有依照法律规定申报债权的，在和解协议执行期间，不得行使权利；在和解协议执行完毕后，可以按照和解协议规定的清偿条件行使权利。

第一百零一条　不受和解协议影响的权利

和解债权人对债务人的保证人和其他连带债务人所享有的权利，不受和解协议的影响。

第一百零二条　债务人履行和解协议

债务人应当按照和解协议规定的条件清偿债务。

▶理解与适用

和解协议生效后，债务人重新取得对其财产的支配权。个别债权人不得向债务人追索债务，请求企业给付财产的民事诉讼、民事执行程序以及相关的诉讼保全措施均不得进行。债务人应当严格执行和解协议，不得给予个别债权人以和解协议以外的利益，以防止在债权人之间产生不平等，影响和解协议的正常执行。

第一百零三条　和解协议无效与宣告破产

因债务人的欺诈或者其他违法行为而成立的和解协议，人民法院应当裁定无效，并宣告债务人破产。

有前款规定情形的，和解债权人因执行和解协议所受的清偿，在其他债权人所受清偿同等比例的范围内，不予返还。

▶理解与适用

[和解协议无效的情形及其处理方式]

所谓和解协议的无效，是指和解协议因具备法律规定的无效条件而没有效力。本条第1款明确规定，因债务人的欺诈或者其他违法行为而成立的和解协议，人民法院应当裁定无效。所谓欺诈，是指以故意告知虚假情况，或者故意隐瞒真实情况的方式，诱使他人作出错误意思表示的行为。所谓其他违法行为，是指除欺诈以外的其他违反法律规定的行为，如恶意串通，损害国家、集体或者第三人利益的行为等。

和解协议经人民法院裁定无效，应当自始无效，即从开始起就没有法律约束力。但是，和解债权人因执行和解协议所受的清偿，在其他债权人所受清偿同等比例的范围内，不予返还。

第一百零四条　终止执行和解协议与宣告破产

债务人不能执行或者不执行和解协议的，人民法院经和解债权人请求，应当裁定终止和解协议的执行，并宣告债务人破产。

人民法院裁定终止和解协议执行的，和解债权人在和解协议中作出的债权调整的承诺失去效力。和解债权人因执行和解协议所受的清偿仍然有效，和解债权未受清偿的部分作为破产债权。

前款规定的债权人，只有在其他债权人同自己所受的清偿达到同一比例时，才能继续接受分配。

有本条第一款规定情形的，为和解协议的执行提供的担保继续有效。

▶理解与适用

[和解程序终止的条件]

和解程序终止的条件是债务人不执行或者不能执行和解协

议。不执行是指在和解协议规定的清偿期到来以后，债务人无正当理由拒绝对部分或全部债权人清偿。不能执行是指在和解协议规定的清偿期到来以后，债务人仍然没有清偿能力。企业执行和解协议期间，债权人会议发现企业财务状况继续恶化的，应当属于不能履行协议的清偿义务，有权申请终止和解。

[和解程序终止的法律后果]

人民法院宣告债务人破产的，和解债权人因债务人执行和解协议所受的清偿仍然有效。和解债权未受偿的部分，作为破产债权行使权利。

为和解协议的达成，债权人在和解协议中一般会有让步，一般涉及债务的清偿时间和清偿数额，和解程序终止后，和解协议对双方均不再有约束力，债权人在和解协议中所作的让步归于消灭，不再有效力，在计算破产债权时，仍以原债权为准。破产分配时，应以债权人的债权数额为基准按比例计算清偿数额，将各个债权人在和解过程中已受清偿部分扣除后，作为债权人应受偿数额。

和解协议终止履行后，和解协议本身是有效的，为和解协议的执行提供的担保继续有效。为和解协议的成立和执行所设立的保证和物的担保继续有效，有关财产应作为破产财产进行破产清算。

第一百零五条 自行和解与破产程序终结

人民法院受理破产申请后，债务人与全体债权人就债权债务的处理自行达成协议的，可以请求人民法院裁定认可，并终结破产程序。

第一百零六条 因和解协议减免的债务不再清偿

按照和解协议减免的债务，自和解协议执行完毕时起，债务人不再承担清偿责任。

第十章 破产清算

第一节 破产宣告

第一百零七条 破产宣告

人民法院依照本法规定宣告债务人破产的，应当自裁定作出之日起五日内送达债务人和管理人，自裁定作出之日起十日内通知已知债权人，并予以公告。

债务人被宣告破产后，债务人称为破产人，债务人财产称为破产财产，人民法院受理破产申请时对债务人享有的债权称为破产债权。

第一百零八条 破产宣告前的破产程序终结

破产宣告前，有下列情形之一的，人民法院应当裁定终结破产程序，并予以公告：

（一）第三人为债务人提供足额担保或者为债务人清偿全部到期债务的；

（二）债务人已清偿全部到期债务的。

第一百零九条 别除权

对破产人的特定财产享有担保权的权利人，对该特定财产享有优先受偿的权利。

▶理解与适用

别除权,是指对于破产人的特定财产,不依破产程序优先就该担保标的受偿的权利。别除权就担保的标的物优先于普通债权而受偿,这与破产程序中的普通债权有本质的区别。别除权的标的物必须是破产人所有的财产,别除权的基础权利是担保物权。在破产宣告前成立的担保物权的标的物既可以是破产人的财产,也可以是第三人的财产。在担保标的物为第三人所有的财产时,在破产程序中,债权人所享有的担保物权,就只能是民法上的担保物权,而不是破产程序中的别除权;相反,在破产人以其所有的财产为其他的债权人提供担保时,虽然该债权人不是破产人的债权人,但在破产程序中,该债权人仍然享有别除权。

别除权是不依破产程序而行使的优先受偿的权利。别除权虽为债权,但是仍具有物权性。别除权不依破产程序而行使的权利是针对其物权性而言的。也就是说,别除权人可以随时主张别除权,不受破产宣告与否的限制。没有宣告破产时,别除权人可以向债务人对担保物主张优先受偿;在破产宣告后,别除权人可以向管理人对担保物主张优先受偿。优先受偿要求只有满足别除权的清偿后,才能清偿其他债权。

[别除权的优先受偿]

别除权的优先受偿性体现为对债务人特定财产的优先受偿,此不同于破产抵销权。破产抵销权的优先性体现为在抵销债权范围内优先于其他债权人就债务人财产得到清偿。本法第40条在确立破产抵销权制度时,从兼顾对其他债权人公平保护的角度出发,通过但书方式对破产抵销权的行使作出了一定限制。一般情况下,存在但书限制的三种情形的抵销均为无效。但是,如果债权人据以抵销的债权虽然存在本法第40条但书规定的三种情形之一,但其债权属于别除权的,因别除权本身属性上的优先性特征,即使债权人没有通过抵销权实现其权利保护的优先性,也同样可以基于其债权对债务人特定财产清偿中的优先性而获得优先保护。因此,在这种情形下,该抵销行为不应为法律所禁止。但需要注意的是,因别除权行使和抵销权行使的优先性不同,在存在本法禁止的三种抵销情形时,如果别除权人用以抵销的债权数额大于其基于设定物权担保或享有法定特别优先权的财产价值的,则该抵销应为无效。别除权人可另行就设定担保的财产或享有法定特别优先权的财产主张其优先受偿的权利。

第一百一十条 别除权的不完全实现与放弃

享有本法第一百零九条规定权利的债权人行使优先受偿权利未能完全受偿的,其未受偿的债权作为普通债权;放弃优先受偿权利的,其债权作为普通债权。

第二节 变价和分配

第一百一十一条 破产财产变价方案

管理人应当及时拟订破产财产变价方案,提交债权人会议讨论。

管理人应当按照债权人会议通过的或者人民法院依照本法第六十五条第一款规定裁定的破产财产变价方案,适时变价出售破产财产。

▶理解与适用

在破产程序中,管理人负责破产财产的管理和处分,破产财产的变价方案应当由管理人适时提出。破产财产的变价方案,应当对应予变价的财产的范围、财产类别、财产的评估价值、各类财产的变价方式和预计变价时间、预计支付的变价费用等有关破产财产变价的重要事项加以说明和规定。破产财产的变价方案涉及能否最大限度地实现破产财产的金钱价值，关系到全体破产债权人的切身利益，因此，管理人提出的破产财产变价方案，还必须经债权人会议讨论通过。对此，本条第1款规定，管理人应当及时拟订破产财产变价方案，提交债权人会议讨论。

管理人变价破产财产，应当符合债权人会议通过的变价方案。在实施变价时，依照本法的规定，对涉及土地、房屋等不动产权益的转让，全部库存或者营业的转让，探矿权、采矿权以及专利权、商标权、著作权的转让，债权和有价证券的转让等，还应向债权人委员会或人民法院报告。

第一百一十二条　变价出售方式

变价出售破产财产应当通过拍卖进行。但是，债权人会议另有决议的除外。

破产企业可以全部或者部分变价出售。企业变价出售时，可以将其中的无形资产和其他财产单独变价出售。

按照国家规定不能拍卖或者限制转让的财产，应当按照国家规定的方式处理。

▶理解与适用

［破产财产的变价方式］

破产财产的变价方式，是指为将非货币形态的破产财产转化为货币形态所采用的破产财产的出让方式。确定破产财产的变价方式，应当遵循以下原则：

（1）除国家规定不能拍卖的物品和债权人会议另有决议的以外，破产财产的变价应当采用拍卖方式。按照本法的规定，债权人会议决议不采用拍卖方式变价的破产财产，管理人不能以拍卖方式变价，可以采取个别出售、招标出售、委托代售等方式变价。对属于国家规定限制转让的限制流通物,也不能采用拍卖方式变价。

(2) 破产财产的变价,应当按照追求破产财产价值最大化的原则,视具体情况,可以整体出售,也可以分别出售。

(3) 对属于国家规定限制转让的物品,即属于限制流通的物品,应当依照国家有关规定的方式变价。

第一百一十三条 破产财产的清偿顺序

破产财产在优先清偿破产费用和共益债务后,依照下列顺序清偿:

(一) 破产人所欠职工的工资和医疗、伤残补助、抚恤费用,所欠的应当划入职工个人账户的基本养老保险、基本医疗保险费用,以及法律、行政法规规定应当支付给职工的补偿金;

(二) 破产人欠缴的除前项规定以外的社会保险费用和破产人所欠税款;

(三) 普通破产债权。

破产财产不足以清偿同一顺序的清偿要求的,按照比例分配。

破产企业的董事、监事和高级管理人员的工资按照该企业职工的平均工资计算。

▶ 理解与适用

破产财产分配的顺位就是破产清算程序中的债权清偿顺序。破产财产在优先清偿破产费用和共益债务后,依照下列顺序清偿:

(1) 破产人所欠职工的工资和医疗、伤残补助、抚恤费用,所欠的应当划入职工个人账户的基本养老保险、基本医疗保险费用,以及法律、行政法规规定应当支付给职工的补偿金。

(2) 破产人欠缴的除前项规定以外的社会保险费用和破产人所欠税款。破产企业所欠税款是指破产企业被宣告破产前拖欠的国家税款。破产企业所欠税款应由税务部门提供具体数额和计算依据，由法院审查确定。破产企业因拖欠税款所产生的滞纳金、罚款等，不属于破产债权。法院可以将该部分债权数额确认后，列在一般破产债权顺序之后，如有剩余财产再行清偿。破产清算中对于破产财产变现的税务问题，法院、管理人应与税务部门积极协调，争取实现税收减免。通过协调确实难以解决的，可以将有关税款列入第三清偿顺序，作为一般债权清偿。

(3) 普通破产债权。破产财产不足清偿同一顺序的清偿要求的，按照比例分配。破产财产清偿破产债权后仍有剩余的，可以用于清偿行政规费、罚款等。

此外，根据《全国法院破产审判工作会议纪要》第28条规定，破产债权的清偿原则和顺序。对于法律没有明确规定清偿顺序的债权，人民法院可以按照人身损害赔偿债权优先于财产性债权、私法债权优先于公法债权、补偿性债权优先于惩罚性债权的原则合理确定清偿顺序。因债务人侵权行为造成的人身损害赔偿，可以参照企业破产法第113条第1款第1项规定的顺序清偿，但其中涉及的惩罚性赔偿除外。破产财产依照企业破产法第113条规定的顺序清偿后仍有剩余的，可依次用于清偿破产受理前产生的民事惩罚性赔偿金、行政罚款、刑事罚金等惩罚性债权。

[公司被申请破产，该公司的财产被另案刑事判决认定为涉案财产，该部分涉案财产是否属于破产财产？如果属于破产财产，刑事追赃债权在破产案件中的清偿顺位如何？][1]

问题中所称的"涉案财产"是一个比较模糊的提法，应

---

[1] 来源于法答网精选答问（第一批），载 https://www.chinacourt.org/article/detail/2024/03/id/7826303.shtml，2024年7月20日最后访问。

当区分不同情况：

第一，如果刑事判决泛泛地认定破产企业财产属于涉案财产，没有明确破产企业的哪些财产属于赃款赃物的，应由刑事案件合议庭作出进一步说明，或作出补正裁定。不能说明或者作出补正裁定的，可由刑事被害人作为破产程序中的普通债权人申报债权。

第二，如果刑事判决对破产企业特定财产明确为赃款赃物（包括按上述第一点通过进一步说明或补正裁定明确特定财产为赃款赃物），原则上应尊重刑事判决的认定，并依据《最高人民法院、最高人民检察院、公安部关于办理非法集资刑事案件若干问题的意见》第9条第4款关于"查封、扣押、冻结的涉案财物，一般应在诉讼终结后返还集资参与人。涉案财物不足全部返还的，按照集资参与人的集资额比例返还。退赔集资参与人的损失一般优先于其他民事债务以及罚金、没收财产的执行"的规定，将此部分财产从破产财产中别除出去，由刑事程序退赔给有关被害人。这里应当注意的是：（1）非法集资参与人优先于其他民事债务的财产范围限于"涉案财产"即赃款赃物，不能扩大到被告人的其他合法财产。也就是说，第9条所规定的优先于其他民事债务，是指被明确认定为非法集资等犯罪行为涉及的赃款赃物，而不应扩大财产范围，优先于其他民事债务受偿。（2）刑事判决虽判令追缴、退赔"赃款赃物"，但该赃款赃物之原物已不存在或者已与其他财产混同的，被害人的损失在破产程序中只能与其他债权按损失性质（通常为普通债权）有序受偿。比如，刑事判决判令追缴刑事被告人100万元，但该100万元在被告人处并无对应的（被查封之）赃款时（即缺乏原物时），该追缴只能在破产程序中与其他普通债权一起有序受偿。（3）刑事判决中的涉案财产被刑事被告人用于投资或置业，行为人也已取得相应股权或投资份额的，按照《最高人民法院关于适用〈中华人民共和国刑事诉讼法〉的解释》第443条和《最高人民法院关于刑事裁判涉财产部分执行的若干规定》（以下简称《刑事涉财产执行规定》）第10条第2款、第3款的规定，只能追缴投资或置业所形成的财产及收益，而涉案财产本身不应再被追缴或者没收。(4) 涉案财产已被刑事被告人用于清偿合法债务、转让或者设置其他权利负担，善意案外人通过正常的市场交易、支付了合理对价，并实际取得相应权利的，按照《刑事涉财产执行规定》第11条第2款的规定，亦不得追缴或者没收。

▶典型案例指引

1. 卢某、林某等破产债权确认纠纷 [（2023）最高法民申964号]

案件适用要点：《最高人民法院关于人民法院办理执行异议和复议案件若干问题的规定》第29条的规定是为了保护弱势地位的房屋买受人的权益，也即保障自然人赖以生存的居住权，其所保护的对象是消费者。而卢某、林某购买的房屋为商铺，系经营性用房，并非用于居住的房屋，也即卢某、林某并非消费者，并不符合适用前述司法解释的条件。卢某、林某主张案涉债务属于房屋购买人的购房款应优先保护的主张，亦不能成立。

2. 殷某、甲公司与破产有关的纠纷案（最高法民申7497号）

案件适用要点：殷某与甲公司之间的《商品房买卖合同》的基础法律关系是以物抵债协议，该合同在甲公司进入破产程序前达成，且殷某已履行完毕。对于其中一方已经履行完毕的合同，管理人应否继续履行，《企业破产法》及相关法律没有明确规定。鉴于破产程序是一种概括的债务清偿执行程序，在相关法律无明文规定的情形下，可参照执行程序中债权保护顺位的相关法律规定确定破产财产的归属。根据《最高人民法院关于人民法院办理执行异议和复议案件若干问题的规定》第29条"金钱债权执行中,买受人对登记在被执行的房地产开发企业名下的商品房提出异议,符合下列情形且其权利能够排除执行的,人民法院应予支持:(一)在人民法院查封之前已签订合法有效的书面买卖合同;(二)所购商品房系用于居住且买受人名下无其他用于居住的房屋;(三)已支付的价款超过合同约定总价款的百分之五十"规定,符合上述三个条件时商品房买受人对于登记在被执行的房地产开发企业名下的商品房提出异议时可以排除执行,优先取得被执行人的商品房。上述规定所涉优先债权即为商品房消费者物权期待权。殷某若对案涉15套房屋享有商品房消费者物权期待权,则有权要求甲公司继续履行《商品房买卖合同》交付案涉15套房屋。根据《消费者权益保护法》关于消费者的定义,商品房消费者是指购买商品房用于居住之需者,商品房消费者物权期待权是指商品房消费者对购买用于居住的商品房享有物权期待的权利,该物权期待权可以理解为一种准物权,旨在保障公民赖以生存的居住权。结合甲公司管理人已经向殷某交付17套房屋中的2套房屋的实际情况,殷某即使属于商品房消费者,其作为商品房消费者所应当享有的物权期待权,已经通过从甲公司管理人处接收2套房屋得到了保护。对于案涉15套房屋,已经超过殷某居住之需,殷某不应再享有相应的商品房消费者物权期待权,即在破产程序中对案涉15套房屋的债权不享有优先受偿权,仅享有普通债权。

第一百一十四条 破产财产的分配方式

> 破产财产的分配应当以货币分配方式进行。但是,债权人会议另有决议的除外。

第一百一十五条 破产财产的分配方案

管理人应当及时拟订破产财产分配方案，提交债权人会议讨论。

破产财产分配方案应当载明下列事项：

（一）参加破产财产分配的债权人名称或者姓名、住所；

（二）参加破产财产分配的债权额；

（三）可供分配的破产财产数额；

（四）破产财产分配的顺序、比例及数额；

（五）实施破产财产分配的方法。

债权人会议通过破产财产分配方案后，由管理人将该方案提请人民法院裁定认可。

第一百一十六条 破产财产分配方案的执行

破产财产分配方案经人民法院裁定认可后，由管理人执行。

管理人按照破产财产分配方案实施多次分配的，应当公告本次分配的财产额和债权额。管理人实施最后分配的，应当在公告中指明，并载明本法第一百一十七条第二款规定的事项。

▶理解与适用

破产财产分配方案经债权人会议表决通过后，管理人应将破产财产分配方案提交人民法院裁定。破产财产分配方案经人民法院裁定认可后，管理人即可按破产财产分配方案实施破产分配。

按照破产分配方案的规定和实际情况，破产分配可以一次完成，也可以分多次完成。依照本条的规定，管理人按照破产财产分配方案实施多次分配的，应当公告本次分配的财产额和受分配的债权额，以保证破产分配的公开、公正，使全体债权人能够了解、监督破产分配的进行，并及时受领分配，维护自己的合法权益。

多次分配中的最后分配，即为将现有可供分配的破产财产按照破产分配方案全部分配完毕，以终结破产程序的分配。在最后分配方案的公告中应当指明本次分配为最后分配。破产分配以一次分配完成的，管理人应当在分配方案公告中指明本次分配即为最后分配。最后分配为破产程序中的最后一次分配，此次分配完结后，破产程序即应终结。在最后分配完结后如仍有未分配的破产财产或以后又发现有新的破产财产的，则应由法院依法进行追加分配。

第一百一十七条　附条件债权的分配

对于附生效条件或者解除条件的债权，管理人应当将其分配额提存。

管理人依照前款规定提存的分配额，在最后分配公告日，生效条件未成就或者解除条件成就的，应当分配给其他债权人；在最后分配公告日，生效条件成就或者解除条件未成就的，应当交付给债权人。

第一百一十八条　未受领的破产财产的分配

债权人未受领的破产财产分配额，管理人应当提存。债权人自最后分配公告之日起满二个月仍不领取的，视为放弃受领分配的权利，管理人或者人民法院应当将提存的分配额分配给其他债权人。

▶理解与适用

对未领取应受领的破产分配额的债权人，以最后分配方案公告之日起，计算除斥期间。依照本条的规定，债权人未受领的破产财产分配额，管理人应当提存。债权人自最后分配方案公告之日起满2个月仍未领取的，视为放弃受领分配的权利，管理人或者人民法院应当将提存的分配额分配给其他债权人。

第一百一十九条　诉讼或仲裁未决债权的分配

> 破产财产分配时，对于诉讼或者仲裁未决的债权，管理人应当将其分配额提存。自破产程序终结之日起满二年仍不能受领分配的，人民法院应当将提存的分配额分配给其他债权人。

第三节　破产程序的终结

第一百二十条　破产程序的终结及公告

> 破产人无财产可供分配的，管理人应当请求人民法院裁定终结破产程序。
>
> 管理人在最后分配完结后，应当及时向人民法院提交破产财产分配报告，并提请人民法院裁定终结破产程序。
>
> 人民法院应当自收到管理人终结破产程序的请求之日起十五日内作出是否终结破产程序的裁定。裁定终结的，应当予以公告。

▶理解与适用

[破产程序终结的情形]

在破产清算程序中，破产程序终结可分为两种情况：一是破产程序因破产财产分配完毕而终结；二是破产程序因无可供分配的财产而终结。

（1）破产程序因破产财产分配完毕而终结。债务人被依法宣告破产后，应由管理人依法对破产财产进行清理、变价，按照债权人会议讨论通过并经法院裁定认可的破产财产分配方案向各破产债权人进行分配，以清偿债务。破产财产分配完毕后，即应终结破产程序。按照本条的规定，管理人在最后分配完结后，应当及时向人民法院提交破产财产分配报告，并提请人民法院裁定终结破产程序。人民法院自接到管理人提请终结破产程序的请求之日起15日内作出是否终结破产案件的裁定，裁定终结的，应予公告。

（2）因无可供分配的财产而终结。破产程序中，债务人的财产由管理人接管，如果管理人发现债务人的财产数量很少，尚不足以清偿破产费用和共益债务，已无财产可用来进行破产分配以清偿破产债权的，再进行破产程序已无实际意义，应当提请人民法院裁定终结破产程序；人民法院在接到管理人提出的请求后，应当在15日内作出终结破产程序的裁定并公告。

▶条文参见

《企业破产法》第43、105、108条

第一百二十一条　破产人的注销登记

管理人应当自破产程序终结之日起十日内，持人民法院终结破产程序的裁定，向破产人的原登记机关办理注销登记。

第一百二十二条　管理人执行职务的终止

管理人于办理注销登记完毕的次日终止执行职务。但是，存在诉讼或者仲裁未决情况的除外。

▶条文参见

《最高人民法院关于审理企业破产案件指定管理人的规定》第29条

第一百二十三条　破产程序终结后的追加分配

自破产程序依照本法第四十三条第四款或者第一百二十条的规定终结之日起二年内,有下列情形之一的,债权人可以请求人民法院按照破产财产分配方案进行追加分配:

(一)发现有依照本法第三十一条、第三十二条、第三十三条、第三十六条规定应当追回的财产的;

(二)发现破产人有应当供分配的其他财产的。

有前款规定情形,但财产数量不足以支付分配费用的,不再进行追加分配,由人民法院将其上交国库。

▶理解与适用

在破产财产最后分配完结后,管理人即应向人民法院提交破产财产分配报告,提请终结破产程序。在破产程序终结后2年内,如果有本应属于破产财产范围内的财产而应当分配给债权人的,应当进行追加分配。

第一百二十四条　破产终结后的继续清偿责任

破产人的保证人和其他连带债务人,在破产程序终结后,对债权人依照破产清算程序未受清偿的债权,依法继续承担清偿责任。

▶理解与适用

[破产程序中保证人的责任承担]

保证期间,人民法院受理债务人破产案件的,债权人既可以向人民法院申报债权,也可以向保证人主张权利。

债权人申报债权后在破产程序中未受清偿的部分,保证人仍应当承担保证责任。债权人要求保证人承担保证责任的,应当在破产程序终结后六个月内提出,但需要注意的是,前述规定适用于债务人在破产程序开始时保证期间尚未届满,而在债权人申报债权参加清偿破产财产程序期间保证期间届满的情形。

债权人知道或者应当知道债务人破产,既未申报债权也未通知保证人,致使保证人不能预先行使追偿权的,保证人在该债权在破产程序中可能受偿的范围内免除保证责任。

人民法院受理债务人破产案件后,债权人未申报债权的,各连带共同保证的保证人应当作为一个主体申报债权,预先行使追偿权。

第十一章 法律责任

第一百二十五条 董事、监事、高级管理人员致使企业破产的法律责任

企业董事、监事或者高级管理人员违反忠实义务、勤勉义务,致使所在企业破产的,依法承担民事责任。

有前款规定情形的人员,自破产程序终结之日起三年内不得担任任何企业的董事、监事、高级管理人员。

第一百二十六条 债务人有关人员不列席债权人会议或不真实陈述的法律责任

有义务列席债权人会议的债务人的有关人员,经人民法院传唤,无正当理由拒不列席债权人会议的,人民法院可以拘传,并依法处以罚款。债务人的有关人员违反本法规定,拒不陈述、回答,或者作虚假陈述、回答的,人民法院可以依法处以罚款。

第一百二十七条　债务人违法履行提交、移交相关材料义务的法律责任

债务人违反本法规定，拒不向人民法院提交或者提交不真实的财产状况说明、债务清册、债权清册、有关财务会计报告以及职工工资的支付情况和社会保险费用的缴纳情况的，人民法院可以对直接责任人员依法处以罚款。

债务人违反本法规定，拒不向管理人移交财产、印章和账簿、文书等资料的，或者伪造、销毁有关财产证据材料而使财产状况不明的，人民法院可以对直接责任人员依法处以罚款。

第一百二十八条　债务人的法定代表人和其他直接责任人员的法律责任

债务人有本法第三十一条、第三十二条、第三十三条规定的行为，损害债权人利益的，债务人的法定代表人和其他直接责任人员依法承担赔偿责任。

▶理解与适用

［恶意逃债行为］

为了防止恶意逃债，或者故意损害债权人合法利益，本法第31条至第33条明确规定，人民法院受理破产申请前1年内，涉及债务人财产的下列行为，管理人有权请求人民法院予以撤销：（1）无偿转让财产的；（2）以明显不合理的价格进行交易的；（3）对没有财产担保的债务提供财产担保的；（4）对未到期的债务提前清偿的；（5）放弃债权的。人民法院受理破产申请前6个月内，债务人有法定破产情形，仍对个别债权人进行清偿的，管理人有权请求人民法院予以撤销。为逃避债

务而隐匿、转移债务人财产，以及虚构债务或者承认不真实的债务的行为无效。

上述行为，属于明显违法行为。因此，实施这些行为，损害债权人利益的，应当依法承担赔偿责任。该赔偿责任由债务人的法定代表人和其他直接责任人员承担。

第一百二十九条 债务人的有关人员擅自离开住所地的法律责任

债务人的有关人员违反本法规定，擅自离开住所地的，人民法院可以予以训诫、拘留，可以依法并处罚款。

第一百三十条 管理人未忠实尽责的法律责任

管理人未依照本法规定勤勉尽责，忠实执行职务的，人民法院可以依法处以罚款；给债权人、债务人或者第三人造成损失的，依法承担赔偿责任。

▶ 条文参见

《最高人民法院关于审理企业破产案件指定管理人的规定》第39条

第一百三十一条 刑事责任

违反本法规定，构成犯罪的，依法追究刑事责任。

▶ 理解与适用

根据《刑法》的规定，有关破产的犯罪，主要有以下几种：

[妨害清算罪]

根据《刑法》第162条规定，公司、企业进行清算时，隐匿财产，对资产负债表或者财产清单作虚假记载或者在未清偿债务前分配公司、企业财产，严重损害债权人或者其他人利益的，对其直接负责的主管人员和其他直接责任人员，处5年以下有期徒刑或者拘役，并处或者单处2万元以上20万元以下罚金。

[隐匿、故意销毁会计凭证、会计帐簿、财务会计报告罪]

根据《刑法》第162条之一的规定，隐匿或者故意销毁依法应当保存的会计凭证、会计帐簿、财务会计报告，情节严重的，处5年以下有期徒刑或者拘役，并处或者单处2万元以上20万元以下罚金。单位犯前款罪的，对单位判处罚金，并对其直接负责的主管人员和其他直接责任人员，依照前款的规定处罚。

[虚假破产罪]

根据《刑法》第162条之二的规定，公司、企业通过隐匿财产、承担虚构的债务或者以其他方法转移、处分财产，实施虚假破产，严重损害债权人或者其他人利益的，对其直接负责的主管人员和其他直接责任人员，处5年以下有期徒刑或者拘役，并处或者单处2万元以上20万元以下罚金。

[国有公司、企业、事业单位人员失职罪] [国有公司、企业、事业单位人员滥用职权罪]

根据《刑法》第168条规定，国有公司、企业的工作人员，由于严重不负责任或者滥用职权，造成国有公司、企业破产或者严重损失，致使国家利益遭受重大损失的，处3年以下有期徒刑或者拘役；致使国家利益遭受特别重大损失的，处3年以上7年以下有期徒刑。国有事业单位的工作人员有前款行为，致使国家利益遭受重大损失的，依照前款的规定处罚。国有公司、企业、事业单位的工作人员，徇私舞弊，犯前两款罪的，依照第1款的规定从重处罚。

[徇私舞弊低价折股、出售公司、企业资产罪]

根据《刑法》第169条规定，国有公司、企业或者其上级主管部门直接负责的主管人员，徇私舞弊，将国有资产低价折股或者低价出售，致使国家利益遭受重大损失的，处3年以下有期徒刑或者拘役；致使国家利益遭受特别重大损失的，处3年以上7年以下有期徒刑。其他公司、企业直接负责的主管人员，徇私舞弊，将公司、企业资产低价折股或者低价出售，致使公司、企业利益遭受重大损失的，依照前款的规定处罚。

除了上述几种犯罪外，债务人的董事、监事、高级管理人员利用职权侵占企业财产，债务人的出资人虚假出资，数额巨大、情节严重的，也会构成犯罪。

▶条文参见

《刑法》第159、271条

第十二章　附　　则

第一百三十二条　别除权适用的例外

本法施行后，破产人在本法公布之日前所欠职工的工资和医疗、伤残补助、抚恤费用，所欠的应当划入职工个人账户的基本养老保险、基本医疗保险费用，以及法律、行政法规规定应当支付给职工的补偿金，依照本法第一百一十三条的规定清偿后不足以清偿的部分，以本法第一百零九条规定的特定财产优先于对该特定财产享有担保权的权利人受偿。

▶理解与适用

对于担保债权和职工债权的清偿顺序问题，本法采取了"新老划断"的办法，规定在本法公布以前形成的职工债权优先于担保债权，破产人无担保财产不足清偿职工工资的，要从有担保的财产中清偿。而本法公布后形成的拖欠，则是担保权优先受偿，职工债权只能通过无担保的财产清偿。

这一独创性规定，具有处理中国特色问题的智慧，对于复杂的职工债权问题的处理，既要考虑中国的现实情况，又要把它纳入到市场经济法律的整体框架来考虑，职工的社会保障问题在今后则应更多地靠完善社会保障制度来解决。

▶条文参见

《企业破产法》第109、113条

第一百三十三条　本法施行前国务院规定范围内企业破产的特别规定

在本法施行前国务院规定的期限和范围内的国有企业实施破产的特殊事宜，按照国务院有关规定办理。

第一百三十四条　金融机构破产的特别规定

商业银行、证券公司、保险公司等金融机构有本法第二条规定情形的，国务院金融监督管理机构可以向人民法院提出对该金融机构进行重整或者破产清算的申请。国务院金融监督管理机构依法对出现重大经营风险的金融机构采取接管、托管等措施的，可以向人民法院申请中止以该金融机构为被告或者被执行人的民事诉讼程序或者执行程序。

金融机构实施破产的，国务院可以依据本法和其他有关法律的规定制定实施办法。

第一百三十五条　企业法人以外组织破产的准用规定

其他法律规定企业法人以外的组织的清算，属于破产清算的，参照适用本法规定的程序。

▶理解与适用

[个人独资企业的清算]

《最高人民法院关于个人独资企业清算是否可以参照适用企业破产法规定的破产清算程序的批复》规定，根据《中华人民共和国企业破产法》第135条的规定，在个人独资企业不能清偿到期债务，并且资产不足以清偿全部债务或者明显缺乏清偿能力的情况下，可以参照适用企业破产法规定的破产清算程序进行清算。

根据《中华人民共和国个人独资企业法》第31条的规定，人民法院参照适用破产清算程序裁定终结个人独资企业的清算程序后，个人独资企业的债权人仍然可以就其未获清偿的部分向投资人主张权利。

[因资不抵债无法继续办学被终止的民办学校的清算]

《最高人民法院关于对因资不抵债无法继续办学被终止的民办学校如何组织清算问题的批复》规定，依照《中华人民共和国民办教育促进法》第10条批准设立的民办学校因资不抵债无法继续办学被终止，当事人依照《中华人民共和国民办教育促进法》第58条第2款规定向人民法院申请清算的，人民法院应当依法受理。人民法院组织民办学校破产清算，参照适用《中华人民共和国企业破产法》规定的程序，并依照《中华人民共和国民办教育促进法》第59条规定的顺序清偿。

第一百三十六条 施行日期

本法自2007年6月1日起施行，《中华人民共和国企业破产法（试行）》同时废止。

实用核心法规

最高人民法院关于适用《中华人民共和国企业破产法》若干问题的规定（一）

（2011年8月29日最高人民法院审判委员会第1527次会议通过 2011年9月9日最高人民法院公告公布 自2011年9月26日起施行 法释〔2011〕22号）

为正确适用《中华人民共和国企业破产法》，结合审判实践，就人民法院依法受理企业破产案件适用法律问题作出如下规定。

第一条　【破产原因的具体情形】债务人不能清偿到期债务并且具有下列情形之一的，人民法院应当认定其具备破产原因：

（一）资产不足以清偿全部债务；

（二）明显缺乏清偿能力。

相关当事人以对债务人的债务负有连带责任的人未丧失清偿能力为由，主张债务人不具备破产原因的，人民法院应不予支持。

第二条　【不能清偿到期债务的认定】下列情形同时存在的，人民法院应当认定债务人不能清偿到期债务：

（一）债权债务关系依法成立；

（二）债务履行期限已经届满；

（三）债务人未完全清偿债务。

第三条　【债务人资产不足以清偿全部债务的认定】债务人的资产负债表，或者审计报告、资产评估报告等显示其全部资产不足以偿付全部负债的，人民法院应当认定债务人资产不足以清偿全部债务，但有相反证据足以证明债务人资产能够偿付全部负债的除外。

第四条　【明显缺乏清偿能力的认定】债务人账面资产虽大于负债，但存在下列情形之一的，人民法院应当认定其明显缺乏清偿能力：

（一）因资金严重不足或者财产不能变现等原因，无法清偿债务；

（二）法定代表人下落不明且无其他人员负责管理财产，无法清偿债务；

（三）经人民法院强制执行，无法清偿债务；

（四）长期亏损且经营扭亏困难，无法清偿债务；

（五）导致债务人丧失清偿能力的其他情形。

第五条　【债权人申请债务人破产】企业法人已解散但未清算或者未在合理期限内清算完毕，债权人申请债务人破产清算的，除债务人在法定异议期限内举证证明其未出现破产原因外，人民法院应当受理。

第六条　【债权人申请债务人破产的举证责任分配】债权人申请债务人破产的，应当提交债务人不能清偿到期债务的有关证据。债务人对债权人的申请未在法定期限内向人民法院提出异议，或者异议不成立的，人民法院应当依法裁定受理破产申请。

受理破产申请后，人民法院应当责令债务人依法提交其财产状况说明、债务清册、债权清册、财务会计报告等有关材料，债务人拒不提交的，人民法院可以对债务人的直接责任人员采取罚款等强制措施。

第七条　【法院出具书名凭证和及时审查】人民法院收到破产申请时，应当向申请人出具收到申请及所附证据的书面凭证。

人民法院收到破产申请后应当及时对申请人的主体资格、债务人的主体资格和破产原因，以及有关材料和证据等进行审查，并依据企业破产法第十条的规定作出是否受理的裁定。

人民法院认为申请人应当补充、补正相关材料的，应当自收到破产申请之日起五日内告知申请人。当事人补充、补正相关材料的期间不计入企业破产法第十条规定的期限。

第八条 【破产案件诉讼费用】破产案件的诉讼费用,应根据企业破产法第四十三条的规定,从债务人财产中拨付。相关当事人以申请人未预先交纳诉讼费用为由,对破产申请提出异议的,人民法院不予支持。

第九条 【对未依法裁定是否受理破产案件的审判监督】申请人向人民法院提出破产申请,人民法院未接收其申请,或者未按本规定第七条执行的,申请人可以向上一级人民法院提出破产申请。

上一级人民法院接到破产申请后,应当责令下级法院依法审查并及时作出是否受理的裁定;下级法院仍不作出是否受理裁定的,上一级人民法院可以径行作出裁定。

上一级人民法院裁定受理破产申请的,可以同时指令下级人民法院审理该案件。

最高人民法院关于适用《中华人民共和国企业破产法》若干问题的规定(二)

(2013年7月29日最高人民法院审判委员会第1586次会议通过 根据2020年12月23日最高人民法院审判委员会第1823次会议通过的《最高人民法院关于修改〈最高人民法院关于破产企业国有划拨土地使用权应否列入破产财产等问题的批复〉等二十九件商事类司法解释的决定》修正 2020年12月29日最高人民法院公告公布)

根据《中华人民共和国民法典》《中华人民共和国企业破产法》等相关法律,结合审判实践,就人民法院审理企业破产案件中认定债务人财产相关的法律适用问题，制定本规定。

第一条 【债务人财产】 除债务人所有的货币、实物外，债务人依法享有的可以用货币估价并可以依法转让的债权、股权、知识产权、用益物权等财产和财产权益，人民法院均应认定为债务人财产。

▶ 理解与适用

根据企业破产法的规定，债务人财产包括破产申请受理时属于债务人的全部财产（包括将来行使的财产请求权），也包括破产申请受理后至破产程序终结前债务人新取得的财产，甚至包括破产程序终结后又发现的应当供分配的其他债务人财产。即债务人财产既包括债务人破产时占有的静态财产和债务人破产时没有占有但基于相关权利应当追回的属于债务人的动态财产，也包括债务人继续营业时新取得的财产。

第二条 【不属于债务人的财产】 下列财产不应认定为债务人财产：

（一）债务人基于仓储、保管、承揽、代销、借用、寄存、租赁等合同或者其他法律关系占有、使用的他人财产；

（二）债务人在所有权保留买卖中尚未取得所有权的财产；

（三）所有权专属于国家且不得转让的财产；

（四）其他依照法律、行政法规不属于债务人的财产。

▶ 典型案例指引

殷某、甲公司与破产有关的纠纷案（最高法民申7497号）

案件适用要点：认定案涉15套房屋是否属于破产财产的法律适用问题，即适用《最高人民法院关于审理企业破产案件若干问题的规定》第71第5项，还是适用《适用破产法规定（二）》第2条。首先，2002年施行的《最高人民法院关于审理企业破产案件若干问题的规定》第71条第5项规定"特定物买卖中，尚未转移占有但相对人已完全支付对价的特定物"不属于破产财产，该规定是在当时《企业破产法（试行）》框架下对债务人的财产归属作出的实体认定。因该《企业破产法（试行）》已经废止，所以不能再当然以该法对应的《最高人民法院关于审理企业破产案件若干问题的规定》第71条第5项来认定债务人的财产归属，而应当按照现行物权、执行方面的法律规范来处理案涉房屋的归属。其次，原审查明，2018年5月甲公司申请进入破产程序，案涉15套房屋尚未实际交付给殷某，产权亦未变更登记于殷某名下，则至甲公司破产申请受理时案涉15套房屋的所有权仍应归属于甲公司。故法院根据《适用破产法规定（二）》第2条认定案涉房屋属于甲公司破产财产。

第三条　【债务人特定财产】债务人已依法设定担保物权的特定财产，人民法院应当认定为债务人财产。

对债务人的特定财产在担保物权消灭或者实现担保物权后的剩余部分，在破产程序中可用以清偿破产费用、共益债务和其他破产债权。

▶理解与适用

对于已设定担保物权的债务人的特定财产变价出售时，原则上应当通过拍卖方式进行。如拟以变卖或者折价清偿债务等其他方式变价的，因系对债权人利益有重大影响的财产处分行为，管理人应当及时报告债权人委员会。债权人委员会有异议的，应当由债权人会议决议确定变价方式。

第四条　【债务人共有财产】债务人对按份享有所有权的共有财产的相关份额，或者共同享有所有权的共有财产的相应财产权利，以及依法分割共有财产所得部分，人民法院均应认定为债务人财产。

人民法院宣告债务人破产清算，属于共有财产分割的法定事由。人民法院裁定债务人重整或者和解的，共有财产的分割应当依据民法典第三百零三条的规定进行；基于重整或者和解的需要必须分割共有财产，管理人请求分割的，人民法院应予准许。

因分割共有财产导致其他共有人损害产生的债务，其他共有人请求作为共益债务清偿的，人民法院应予支持。

第五条 【债务人执行回转的财产】破产申请受理后，有关债务人财产的执行程序未依照企业破产法第十九条的规定中止的，采取执行措施的相关单位应当依法予以纠正。依法执行回转的财产，人民法院应当认定为债务人财产。

第六条 【债务人财产保全】破产申请受理后，对于可能因有关利益相关人的行为或者其他原因，影响破产程序依法进行的，受理破产申请的人民法院可以根据管理人的申请或者依职权，对债务人的全部或者部分财产采取保全措施。

第七条 【财产保全措施解除】对债务人财产已采取保全措施的相关单位，在知悉人民法院已裁定受理有关债务人的破产申请后，应当依照企业破产法第十九条的规定及时解除对债务人财产的保全措施。

第八条 【财产保全措施恢复】人民法院受理破产申请后至破产宣告前裁定驳回破产申请，或者依据企业破产法第一百零八条的规定裁定终结破产程序的，应当及时通知原已采取保全措施并已依法解除保全措施的单位按照原保全顺位恢复相关保全措施。

在已依法解除保全的单位恢复保全措施或者表示不再恢复之前，受理破产申请的人民法院不得解除对债务人财产的保全措施。

第九条 【管理人撤销权】管理人依据企业破产法第三十一条和第三十二条的规定提起诉讼，请求撤销涉及债务人财产的相关行为并由相对人返还债务人财产的，人民法院应予支持。

管理人因过错未依法行使撤销权导致债务人财产不当减损，债权人提起诉讼主张管理人对其损失承担相应赔偿责任的，人民法院应予支持。

第十条　【可撤销行为起算点】债务人经过行政清理程序转入破产程序的，企业破产法第三十一条和第三十二条规定的可撤销行为的起算点，为行政监管机构作出撤销决定之日。

债务人经过强制清算程序转入破产程序的，企业破产法第三十一条和第三十二条规定的可撤销行为的起算点，为人民法院裁定受理强制清算申请之日。

第十一条　【交易撤销后的财产或者价款的返还】人民法院根据管理人的请求撤销涉及债务人财产的以明显不合理价格进行的交易的，买卖双方应当依法返还从对方获取的财产或者价款。

因撤销该交易，对于债务人应返还受让人已支付价款所产生的债务，受让人请求作为共益债务清偿的，人民法院应予支持。

第十二条　【债务人提前清偿行为的撤销】破产申请受理前一年内债务人提前清偿的未到期债务，在破产申请受理前已经到期，管理人请求撤销该清偿行为的，人民法院不予支持。但是，该清偿行为发生在破产申请受理前六个月内且债务人有企业破产法第二条第一款规定情形的除外。

第十三条　【债权人撤销权】破产申请受理后，管理人未依据企业破产法第三十一条的规定请求撤销债务人无偿转让财产、以明显不合理价格交易、放弃债权行为的，债权人依据民法典第五百三十八条、第五百三十九条等规定提起诉讼，请求撤销债务人上述行为并将因此追回的财产归入债务人财产的，人民法院应予受理。

相对人以债权人行使撤销权的范围超出债权人的债权抗辩的，人民法院不予支持。

▶理解与适用

本条明确了破产申请受理后，对于债务人无偿转让财产、放弃债权、以明显不合理的价格转让财产的行为，债权人可代表全体债权人提起撤销权诉讼。如此规定，一方面，由于民法典和企业破产法对于撤销权行使权利的期限和可撤销行为的期限作出的规定有所不同（民法典规定撤销权自债权人知道或者应当知道撤销事由之日起1年内行使，自债务人的行为发生之日起5年内没有行使撤销权的，该撤销权消灭；企业破产法规定法院受理破产申请前1年内的相关行为可以撤销），有的情况下管理人依据破产法不能撤销的行为，债权人依据民法典却可以撤销。另一方面，在两个撤销权事由竞合的场合，如管理人不作为导致破产撤销权落空时，债权人也可通过行使合同撤销权追回相关债务人财产。需要注意的是，该类诉讼性质上属代表诉讼，因此追回的财产属于债务人财产，应当用以清偿所有债务。

第十四条　【管理人就设定担保的债权个别清偿行为的撤销】 债务人对以自有财产设定担保物权的债权进行的个别清偿，管理人依据企业破产法第三十二条的规定请求撤销的，人民法院不予支持。但是，债务清偿时担保财产的价值低于债权额的除外。

第十五条　【经诉讼等程序进行的个人清偿行为的撤销】 债务人经诉讼、仲裁、执行程序对债权人进行的个别清偿，管理人依据企业破产法第三十二条的规定请求撤销的，人民法院不予支持。但是，债务人与债权人恶意串通损害其他债权人利益的除外。

第十六条　【管理人不得请求撤销的个别清偿行为】 债务人对债权人进行的以下个别清偿，管理人依据企业破产法第三十二条的规定请求撤销的，人民法院不予支持：

（一）债务人为维系基本生产需要而支付水费、电费等的；
（二）债务人支付劳动报酬、人身损害赔偿金的；
（三）使债务人财产受益的其他个别清偿。

第十七条　【管理人起诉涉及债务人财产的无效行为并可依法要求返还财产】 管理人依据企业破产法第三十三条的规定提起诉讼，主张被隐匿、转移财产的实际占有人返还债务人财产，或者主张债务人虚构债务或者承认不真实债务的行为无效并返还债务人财产的,人民法院应予支持。

第十八条 【债务人的法定代表人和其他直接责任人员的法律责任】管理人代表债务人依据企业破产法第一百二十八条的规定,以债务人的法定代表人和其他直接责任人员对所涉债务人财产的相关行为存在故意或者重大过失,造成债务人财产损失为由提起诉讼,主张上述责任人员承担相应赔偿责任的,人民法院应予支持。

第十九条 【债务人对外享有债权诉讼时效的中断】债务人对外享有债权的诉讼时效,自人民法院受理破产申请之日起中断。

债务人无正当理由未对其到期债权及时行使权利,导致其对外债权在破产申请受理前一年内超过诉讼时效期间的,人民法院受理破产申请之日起重新计算上述债权的诉讼时效期间。

第二十条 【管理人起诉未依法出资或抽逃出资相关责任人】管理人代表债务人提起诉讼,主张出资人向债务人依法缴付未履行的出资或者返还抽逃的出资本息,出资人以认缴出资尚未届至公司章程规定的缴纳期限或者违反出资义务已经超过诉讼时效为由抗辩的,人民法院不予支持。

管理人依据公司法的相关规定代表债务人提起诉讼,主张公司的发起人和负有监督股东履行出资义务的董事、高级管理人员,或者协助抽逃出资的其他股东、董事、高级管理人员、实际控制人等,对股东违反出资义务或者抽逃出资承担相应责任,并将财产归入债务人财产的,人民法院应予支持。

第二十一条 【破产申请受理后个别清偿诉讼中止审理】破产申请受理前,债权人就债务人财产提起下列诉讼,破产申请受理时案件尚未审结的,人民法院应当中止审理:

(一)主张次债务人代替债务人直接向其偿还债务的;

(二)主张债务人的出资人、发起人和负有监督股东履行出资义务的董事、高级管理人员,或者协助抽逃出资的其他股东、董事、高级管理人员、实际控制人等直接向其承担出资不实或者抽逃出资责任的；

（三）以债务人的股东与债务人法人人格严重混同为由，主张债务人的股东直接向其偿还债务人对其所负债务的；

（四）其他就债务人财产提起的个别清偿诉讼。

债务人破产宣告后，人民法院应当依照企业破产法第四十四条的规定判决驳回债权人的诉讼请求。但是，债权人一审中变更其诉讼请求为追收的相关财产归入债务人财产的除外。

债务人破产宣告前，人民法院依据企业破产法第十二条或者第一百零八条的规定裁定驳回破产申请或者终结破产程序的，上述中止审理的案件应当依法恢复审理。

第二十二条 【破产申请受理后个别清偿中止执行】破产申请受理前，债权人就债务人财产向人民法院提起本规定第二十一条第一款所列诉讼，人民法院已经作出生效民事判决书或者调解书但尚未执行完毕的，破产申请受理后，相关执行行为应当依据企业破产法第十九条的规定中止，债权人应当依法向管理人申报相关债权。

第二十三条 【破产申请受理后个别清偿不予受理】破产申请受理后，债权人就债务人财产向人民法院提起本规定第二十一条第一款所列诉讼的，人民法院不予受理。

债权人通过债权人会议或者债权人委员会，要求管理人依法向次债务人、债务人的出资人等追收债务人财产，管理人无正当理由拒绝追收，债权人会议依据企业破产法第二十二条的规定，申请人民法院更换管理人的，人民法院应予支持。

管理人不予追收，个别债权人代表全体债权人提起相关诉讼，主张次债务人或者债务人的出资人等向债务人清偿或者返还债务人财产，或者依法申请合并破产的，人民法院应予受理。

第二十四条 【管理人员非正常收入】债务人有企业破产法第二条第一款规定的情形时，债务人的董事、监事和高级管理人员利用职权获取的以下收入，人民法院应当认定为企业破产法第三十六条规定的非正常收入：

（一）绩效奖金；

（二）普遍拖欠职工工资情况下获取的工资性收入；

（三）其他非正常收入。

债务人的董事、监事和高级管理人员拒不向管理人返还上述债务人财产，管理人主张上述人员予以返还的，人民法院应予支持。

债务人的董事、监事和高级管理人员因返还第一款第（一）项、第（三）项非正常收入形成的债权，可以作为普通破产债权清偿。因返还第一款第（二）项非正常收入形成的债权，依据企业破产法第一百一十三条第三款的规定，按照该企业职工平均工资计算的部分作为拖欠职工工资清偿；高出该企业职工平均工资计算的部分，可以作为普通破产债权清偿。

第二十五条　【对债权人利益有重大影响的财产处分行为的报告】管理人拟通过清偿债务或者提供担保取回质物、留置物，或者与质权人、留置权人协议以质物、留置物折价清偿债务等方式，进行对债权人利益有重大影响的财产处分行为的，应当及时报告债权人委员会。未设立债权人委员会的，管理人应当及时报告人民法院。

第二十六条　【取回权行使期限】权利人依据企业破产法第三十八条的规定行使取回权，应当在破产财产变价方案或者和解协议、重整计划草案提交债权人会议表决前向管理人提出。权利人在上述期限后主张取回相关财产的，应当承担延迟行使取回权增加的相关费用。

第二十七条　【取回权行使】权利人依据企业破产法第三十八条的规定向管理人主张取回相关财产，管理人不予认可，权利人以债务人为被告向人民法院提起诉讼请求行使取回权的，人民法院应予受理。

权利人依据人民法院或者仲裁机关的相关生效法律文书向管理人主张取回所涉争议财产，管理人以生效法律文书错误为由拒绝其行使取回权的，人民法院不予支持。

第二十八条 【行使取回权应履行相关费用支付义务】权利人行使取回权时未依法向管理人支付相关的加工费、保管费、托运费、委托费、代销费等费用，管理人拒绝其取回相关财产的，人民法院应予支持。

第二十九条 【提存变价款的取回】对债务人占有的权属不清的鲜活易腐等不易保管的财产或者不及时变现价值将严重贬损的财产，管理人及时变价并提存变价款后，有关权利人就该变价款行使取回权的，人民法院应予支持。

第三十条 【第三人取得所有权的债务人违法转让的财产的取回】债务人占有的他人财产被违法转让给第三人，依据民法典第三百一十一条的规定第三人已善意取得财产所有权，原权利人无法取回该财产的，人民法院应当按照以下规定处理：

（一）转让行为发生在破产申请受理前的，原权利人因财产损失形成的债权，作为普通破产债权清偿；

（二）转让行为发生在破产申请受理后的，因管理人或者相关人员执行职务导致原权利人损害产生的债务，作为共益债务清偿。

第三十一条 【第三人未取得所有权的债务人违法转让的财产的取回】债务人占有的他人财产被违法转让给第三人，第三人已向债务人支付了转让价款，但依据民法典第三百一十一条的规定未取得财产所有权，原权利人依法追回转让财产的，对因第三人已支付对价而产生的债务，人民法院应当按照以下规定处理：

（一）转让行为发生在破产申请受理前的，作为普通破产债权清偿；

（二）转让行为发生在破产申请受理后的，作为共益债务清偿。

第三十二条 【代偿性取回权】债务人占有的他人财产毁损、灭失，因此获得的保险金、赔偿金、代偿物尚未交付给债务人，或者代偿物虽已交付给债务人但能与债务人财产予以区分的，权利人主张取回就此获得的保险金、赔偿金、代偿物的，人民法院应予支持。

保险金、赔偿金已经交付给债务人，或者代偿物已经交付给债务人且不能与债务人财产予以区分的，人民法院应当按照以下规定处理：

（一）财产毁损、灭失发生在破产申请受理前的，权利人因财产损失形成的债权，作为普通破产债权清偿；

（二）财产毁损、灭失发生在破产申请受理后的，因管理人或者相关人员执行职务导致权利人损害产生的债务，作为共益债务清偿。

债务人占有的他人财产毁损、灭失，没有获得相应的保险金、赔偿金、代偿物，或者保险金、赔偿物、代偿物不足以弥补其损失的部分，人民法院应当按照本条第二款的规定处理。

第三十三条 【管理人等执行职务时不当处置他人财产的处理】管理人或者相关人员在执行职务过程中，因故意或者重大过失不当转让他人财产或者造成他人财产毁损、灭失，导致他人损害产生的债务作为共益债务，由债务人财产随时清偿不足弥补损失，权利人向管理人或者相关人员主张承担补充赔偿责任的，人民法院应予支持。

上述债务作为共益债务由债务人财产随时清偿后，债权人以管理人或者相关人员执行职务不当导致债务人财产减少给其造成损失为由提起诉讼，主张管理人或者相关人员承担相应赔偿责任的，人民法院应予支持。

第三十四条 【管理人有权决定所有权保留合同解除或继续履行】买卖合同双方当事人在合同中约定标的物所有权保留，在标的物所有权未依法转移给买受人前，一方当事人破产的，该买卖合同属于双方均未履行完毕的合同，管理人有权依据企业破产法第十八条的规定决定解除或者继续履行合同。

第三十五条　【出卖人破产时所有权保留合同的继续履行】出卖人破产，其管理人决定继续履行所有权保留买卖合同的，买受人应当按照原买卖合同的约定支付价款或者履行其他义务。

买受人未依约支付价款或者履行完毕其他义务，或者将标的物出卖、出质或者作出其他不当处分，给出卖人造成损害，出卖人管理人依法主张取回标的物的，人民法院应予支持。但是，买受人已经支付标的物总价款百分之七十五以上或者第三人善意取得标的物所有权或者其他物权的除外。

因本条第二款规定未能取回标的物，出卖人管理人依法主张买受人继续支付价款、履行完毕其他义务，以及承担相应赔偿责任的，人民法院应予支持。

第三十六条　【出卖人破产时所有权保留合同的解除】出卖人破产，其管理人决定解除所有权保留买卖合同，并依据企业破产法第十七条的规定要求买受人向其交付买卖标的物的，人民法院应予支持。

买受人以其不存在未依约支付价款或者履行完毕其他义务，或者将标的物出卖、出质或者作出其他不当处分情形抗辩的，人民法院不予支持。

买受人依法履行合同义务并依据本条第一款将买卖标的物交付出卖人管理人后，买受人已支付价款损失形成的债权作为共益债务清偿。但是，买受人违反合同约定，出卖人管理人主张上述债权作为普通破产债权清偿的，人民法院应予支持。

第三十七条　【买受人破产时所有权保留合同的继续履行】买受人破产，其管理人决定继续履行所有权保留买卖合同的，原买卖合同中约定的买受人支付价款或者履行其他义务的期限在破产申请受理时视为到期，买受人管理人应当及时向出卖人支付价款或者履行其他义务。

121

买受人管理人无正当理由未及时支付价款或者履行完毕其他义务，或者将标的物出卖、出质或者作出其他不当处分，给出卖人造成损害，出卖人依据民法典第六百四十一条等规定主张取回标的物的，人民法院应予支持。但是，买受人已支付标的物总价款百分之七十五以上或者第三人善意取得标的物所有权或者其他物权的除外。

因本条第二款规定未能取回标的物，出卖人依法主张买受人继续支付价款、履行完毕其他义务，以及承担相应赔偿责任的，人民法院应予支持。对因买受人未支付价款或者未履行完毕其他义务，以及买受人管理人将标的物出卖、出质或者作出其他不当处分导致出卖人损害产生的债务，出卖人主张作为共益债务清偿的，人民法院应予支持。

第三十八条　【买受人破产时所有权保留合同的解除】买受人破产，其管理人决定解除所有权保留买卖合同，出卖人依据企业破产法第三十八条的规定主张取回买卖标的物的，人民法院应予支持。

出卖人取回买卖标的物，买受人管理人主张出卖人返还已支付价款的，人民法院应予支持。取回的标的物价值明显减少给出卖人造成损失的，出卖人可从买受人已支付价款中优先予以抵扣后，将剩余部分返还给买受人；对买受人已支付价款不足以弥补出卖人标的物价值减损损失形成的债权，出卖人主张作为共益债务清偿的，人民法院应予支持。

第三十九条　【在运途中标的物的取回】出卖人依据企业破产法第三十九条的规定，通过通知承运人或者实际占有人中止运输、返还货物、变更到达地，或者将货物交给其他收货人等方式，对在运途中标的物主张了取回权但未能实现，或者在货物未达管理人前已向管理人主张取回在运途中标的物，在买卖标的物到达管理人后，出卖人向管理人主张取回的，管理人应予准许。

出卖人对在运途中标的物未及时行使取回权，在买卖标的物到达管理人后向管理人行使在运途中标的物取回权的,管理人不应准许。

第四十条 【重整期间债务人占有财产的取回】债务人重整期间,权利人要求取回债务人合法占有的权利人的财产,不符合双方事先约定条件的,人民法院不予支持。但是,因管理人或者自行管理的债务人违反约定,可能导致取回物被转让、毁损、灭失或者价值明显减少的除外。

第四十一条 【抵销权的行使】债权人依据企业破产法第四十条的规定行使抵销权,应当向管理人提出抵销主张。

管理人不得主动抵销债务人与债权人的互负债务,但抵销使债务人财产受益的除外。

第四十二条 【抵销的生效】管理人收到债权人提出的主张债务抵销的通知后,经审查无异议的,抵销自管理人收到通知之日起生效。

管理人对抵销主张有异议的,应当在约定的异议期限内或者自收到主张债务抵销的通知之日起三个月内向人民法院提起诉讼。无正当理由逾期提起的,人民法院不予支持。

人民法院判决驳回管理人提起的抵销无效诉讼请求的,该抵销自管理人收到主张债务抵销的通知之日起生效。

第四十三条 【不受支持的针对抵销权的管理人异议】债权人主张抵销,管理人以下列理由提出异议的,人民法院不予支持:

(一)破产申请受理时,债务人对债权人负有的债务尚未到期;

(二)破产申请受理时,债权人对债务人负有的债务尚未到期;

(三)双方互负债务标的物种类、品质不同。

第四十四条 【抵销无效的情形】破产申请受理前六个月内,债务人有企业破产法第二条第一款规定的情形,债务人与个别债权人以抵销方式对个别债权人清偿，其抵销的债权债务属于企业破产法第四十条第（二）、（三）项规定的情形之一，管理人在破产申请受理之日起三个月内向人民法院提起诉讼，主张该抵销无效的，人民法院应予支持。

第四十五条　【债权人享有优先受偿权与债务人不享有优先受偿权的债权的抵销】企业破产法第四十条所列不得抵销情形的债权人，主张以其对债务人特定财产享有优先受偿权的债权，与债务人对其不享有优先受偿权的债权抵销，债务人管理人以抵销存在企业破产法第四十条规定的情形提出异议的，人民法院不予支持。但是，用以抵销的债权大于债权人享有优先受偿权财产价值的除外。

第四十六条　【债务人股东与债务人的债务抵销】债务人的股东主张以下列债务与债务人对其负有的债务抵销，债务人管理人提出异议的，人民法院应予支持：

（一）债务人股东因欠缴债务人的出资或者抽逃出资对债务人所负的债务；

（二）债务人股东滥用股东权利或者关联关系损害公司利益对债务人所负的债务。

第四十七条　【诉讼管辖】人民法院受理破产申请后，当事人提起的有关债务人的民事诉讼案件，应当依据企业破产法第二十一条的规定，由受理破产申请的人民法院管辖。

受理破产申请的人民法院管辖的有关债务人的第一审民事案件，可以依据民事诉讼法第三十八条①的规定，由上级人民法院提审，或者报请上级人民法院批准后交下级人民法院审理。

受理破产申请的人民法院，如对有关债务人的海事纠纷、专利纠纷、证券市场因虚假陈述引发的民事赔偿纠纷等案件不能行

---

① 2021年、2023年《民事诉讼法》修改后，部分条文序号有变动。——编者注

使管辖权的，可以依据民事诉讼法第三十七条的规定，由上级人民法院指定管辖。

第四十八条　【本解释效力条款】本规定施行前本院发布的有关企业破产的司法解释，与本规定相抵触的，自本规定施行之日起不再适用。

最高人民法院关于适用《中华人民共和国企业破产法》若干问题的规定（三）

（2019年2月25日最高人民法院审判委员会第1762次会议通过　根据2020年12月23日最高人民法院审判委员会第1823次会议通过的《最高人民法院关于修改〈最高人民法院关于破产企业国有划拨土地使用权应否列入破产财产等问题的批复〉等二十九件商事类司法解释的决定》修正　2020年12月29日最高人民法院公告公布）

为正确适用《中华人民共和国企业破产法》，结合审判实践，就人民法院审理企业破产案件中有关债权人权利行使等相关法律适用问题，制定本规定。

第一条　【破产费用范围】人民法院裁定受理破产申请的，此前债务人尚未支付的公司强制清算费用、未终结的执行程序中产生的评估费、公告费、保管费等执行费用，可以参照企业破产法关于破产费用的规定，由债务人财产随时清偿。

此前债务人尚未支付的案件受理费、执行申请费，可以作为破产债权清偿。

第二条　【继续营业借款的清偿】破产申请受理后，经债权人会议决议通过，或者第一次债权人会议召开前经人民法院许可，管理人或者自行管理的债务人可以为债务人继续营业而借款。提供借款的债权人主张参照企业破产法第四十二条第四项的规定优先于普通破产债权清偿的，人民法院应予支持，但其主张优先于此前已就债务人特定财产享有担保的债权清偿的，人民法院不予支持。

管理人或者自行管理的债务人可以为前述借款设定抵押担保，抵押物在破产申请受理前已为其他债权人设定抵押的，债权人主张按照民法典第四百一十四条规定的顺序清偿，人民法院应予支持。

第三条 【破产申请受理后产生的滞纳金不得申报破产债权】破产申请受理后，债务人欠缴款项产生的滞纳金，包括债务人未履行生效法律文书应当加倍支付的迟延利息和劳动保险金的滞纳金，债权人作为破产债权申报的，人民法院不予确认。

第四条 【保证人破产对债权人债权申报】保证人被裁定进入破产程序的，债权人有权申报其对保证人的保证债权。

主债务未到期的，保证债权在保证人破产申请受理时视为到期。一般保证的保证人主张行使先诉抗辩权的，人民法院不予支持，但债权人在一般保证人破产程序中的分配额应予提存，待一般保证人应承担的保证责任确定后再按照破产清偿比例予以分配。

保证人被确定应当承担保证责任的，保证人的管理人可以就保证人实际承担的清偿额向主债务人或其他债务人行使求偿权。

第五条 【债务人、保证人均破产时债权人债权申报】债务人、保证人均被裁定进入破产程序的，债权人有权向债务人、保证人分别申报债权。

债权人向债务人、保证人均申报全部债权的，从一方破产程序中获得清偿后，其对另一方的债权额不作调整，但债权人的受偿额不得超出其债权总额。保证人履行保证责任后不再享有求偿权。

第六条 【债权申报登记册、债权表等的制作、保管】 管理人应当依照企业破产法第五十七条的规定对所申报的债权进行登记造册,详尽记载申报人的姓名、单位、代理人、申报债权额、担保情况、证据、联系方式等事项,形成债权申报登记册。

管理人应当依照企业破产法第五十七条的规定对债权的性质、数额、担保财产、是否超过诉讼时效期间、是否超过强制执行期间等情况进行审查、编制债权表并提交债权人会议核查。

债权表、债权申报登记册及债权申报材料在破产期间由管理人保管,债权人、债务人、债务人职工及其他利害关系人有权查阅。

第七条 【生效法律文书确定的债权确认】 已经生效法律文书确定的债权,管理人应当予以确认。

管理人认为债权人据以申报债权的生效法律文书确定的债权错误,或者有证据证明债权人与债务人恶意通过诉讼、仲裁或者公证机关赋予强制执行力公证文书的形式虚构债权债务的,应当依法通过审判监督程序向作出该判决、裁定、调解书的人民法院或者上一级人民法院申请撤销生效法律文书,或者向受理破产申请的人民法院申请撤销或者不予执行仲裁裁决、不予执行公证债权文书后,重新确定债权。

第八条 【债权确认异议的方式】 债务人、债权人对债权表记载的债权有异议的,应当说明理由和法律依据。经管理人解释或调整后,异议人仍然不服的,或者管理人不予解释或调整的,异议人应当在债权人会议核查结束后十五日内向人民法院提起债权确认的诉讼。当事人之间在破产申请受理前订立有仲裁条款或仲裁协议的,应当向选定的仲裁机构申请确认债权债务关系。

▶ 典型案例指引

深圳某公司普通破产债权确认纠纷案〔(2023)最高法民再273号〕

案件适用要点:根据《最高人民法院关于适用〈中华人民共

和国企业破产法〉若干问题的规定（三）》第8条之规定，债务人、债权人对债权表记载的债权有异议的，应当说明理由和法律依据。经管理人解释或调整后，异议人仍然不服的，或者管理人不予解释或调整的，异议人应当在债权人会议核查结束后15日内向人民法院提起债权确认的诉讼。当事人之间在破产申请受理前订立有仲裁条款或仲裁协议的，应当向选定的仲裁机构申请确认债权债务关系。上述15日期间系附不利后果的引导性规定，目的是督促异议人尽快提起诉讼，以便尽快解决债权争议，提高破产程序的效率，防止破产程序拖延。异议人未在该15日内提起债权确认的诉讼，推定其同意债权人会议核查结果，破产程序按债权人会议核查并经人民法院裁定确认的结果继续进行，给异议人财产分配和行使表决权等带来的不利后果，由其自行承担。但《最高人民法院关于适用〈中华人民共和国企业破产法〉若干问题的规定（三）》第8条规定的15日期间并非诉讼时效、除斥期间或起诉期限，该15日期间届满并不导致异议人实体权利或胜诉权利消灭的法律后果。异议人超过上述法律规定的15日期间向人民法院提起债权确认诉讼的，人民法院不得以超期为由拒绝受理。

第九条 【债权确认异议之诉当事人】 债务人对债权表记载的债权有异议向人民法院提起诉讼的，应将被异议债权人列为被告。债权人对债权表记载的他人债权有异议的，应将被异议债权人列为被告；债权人对债权表记载的本人债权有异议的，应将债务人列为被告。

对同一笔债权存在多个异议人，其他异议人申请参加诉讼的，应当列为共同原告。

第十条 【知情权】 单个债权人有权查阅债务人财产状况报告、债权人会议决议、债权人委员会决议、管理人监督报告等参与破产程序所必需的债务人财务和经营信息资料。管理人无正当理由不予提供的，债权人可以请求人民法院作出决定；人民法院应当在五日内作出决定。

上述信息资料涉及商业秘密的，债权人应当依法承担保密义务或者签署保密协议；涉及国家秘密的应当依照相关法律规定处理。

第十一条　【非现场会议表决及重整计划草案分组表决】债权人会议的决议除现场表决外，可以由管理人事先将相关决议事项告知债权人，采取通信、网络投票等非现场方式进行表决。采取非现场方式进行表决的，管理人应当在债权人会议召开后的三日内，以信函、电子邮件、公告等方式将表决结果告知参与表决的债权人。

根据企业破产法第八十二条规定，对重整计划草案进行分组表决时，权益因重整计划草案受到调整或者影响的债权人或者股东，有权参加表决；权益未受到调整或者影响的债权人或者股东，参照企业破产法第八十三条的规定，不参加重整计划草案的表决。

第十二条　【债权人会议决议的撤销】债权人会议的决议具有以下情形之一，损害债权人利益，债权人申请撤销的，人民法院应予支持：

（一）债权人会议的召开违反法定程序；
（二）债权人会议的表决违反法定程序；
（三）债权人会议的决议内容违法；
（四）债权人会议的决议超出债权人会议的职权范围。

人民法院可以裁定撤销全部或者部分事项决议，责令债权人会议依法重新作出决议。

债权人申请撤销债权人会议决议的，应当提出书面申请。债权人会议采取通信、网络投票等非现场方式进行表决的，债权人申请撤销的期限自债权人收到通知之日起算。

第十三条　【债权人会议职权委托规则】债权人会议可以依照企业破产法第六十八条第一款第四项的规定，委托债权人委员会行使企业破产法第六十一条第一款第二、三、五项规定的债权人会议职权。债权人会议不得作出概括性授权,委托其行使债权人会议所有职权。

第十四条 【债权人委员会议事规则】债权人委员会决定所议事项应获得全体成员过半数通过,并作成议事记录。债权人委员会成员对所议事项的决议有不同意见的,应当在记录中载明。

债权人委员会行使职权应当接受债权人会议的监督,以适当的方式向债权人会议及时汇报工作,并接受人民法院的指导。

第十五条 【重大财产处置】管理人处分企业破产法第六十九条规定的债务人重大财产的,应当事先制作财产管理或者变价方案并提交债权人会议进行表决,债权人会议表决未通过的,管理人不得处分。

管理人实施处分前,应当根据企业破产法第六十九条的规定,提前十日书面报告债权人委员会或者人民法院。债权人委员会可以依照企业破产法第六十八条第二款的规定,要求管理人对处分行为作出相应说明或者提供有关文件依据。

债权人委员会认为管理人实施的处分行为不符合债权人会议通过的财产管理或变价方案的,有权要求管理人纠正。管理人拒绝纠正的,债权人委员会可以请求人民法院作出决定。

人民法院认为管理人实施的处分行为不符合债权人会议通过的财产管理或变价方案的,应当责令管理人停止处分行为。管理人应当予以纠正,或者提交债权人会议重新表决通过后实施。

第十六条 【实施日期】本规定自 2019 年 3 月 28 日起实施。

实施前本院发布的有关企业破产的司法解释,与本规定相抵触的,自本规定实施之日起不再适用。

中华人民共和国民法典（节录）

（2020年5月28日第十三届全国人民代表大会第三次会议通过 2020年5月28日中华人民共和国主席令第45号公布 自2021年1月1日起施行）

第一编 总 则

……

第三章 法 人

第一节 一般规定

第五十七条 【法人的定义】法人是具有民事权利能力和民事行为能力，依法独立享有民事权利和承担民事义务的组织。

第五十八条 【法人的成立】法人应当依法成立。

法人应当有自己的名称、组织机构、住所、财产或者经费。法人成立的具体条件和程序，依照法律、行政法规的规定。

设立法人，法律、行政法规规定须经有关机关批准的，依照其规定。

第五十九条 【法人的民事权利能力和民事行为能力】法人的民事权利能力和民事行为能力，从法人成立时产生，到法人终止时消灭。

第六十条 【法人的民事责任承担】法人以其全部财产独立承担民事责任。

第六十一条 【法定代表人】依照法律或者法人章程的规

定,代表法人从事民事活动的负责人,为法人的法定代表人。

法定代表人以法人名义从事的民事活动,其法律后果由法人承受。

法人章程或者法人权力机构对法定代表人代表权的限制,不得对抗善意相对人。

第六十二条　【法定代表人职务行为的法律责任】 法定代表人因执行职务造成他人损害的,由法人承担民事责任。

法人承担民事责任后,依照法律或者法人章程的规定,可以向有过错的法定代表人追偿。

第六十三条　【法人的住所】 法人以其主要办事机构所在地为住所。依法需要办理法人登记的,应当将主要办事机构所在地登记为住所。

第六十四条　【法人的变更登记】 法人存续期间登记事项发生变化的,应当依法向登记机关申请变更登记。

第六十五条　【法人登记的对抗效力】 法人的实际情况与登记的事项不一致的,不得对抗善意相对人。

第六十六条　【法人登记公示制度】 登记机关应当依法及时公示法人登记的有关信息。

第六十七条　【法人合并、分立后的权利义务承担】 法人合并的,其权利和义务由合并后的法人享有和承担。

法人分立的,其权利和义务由分立后的法人享有连带债权,承担连带债务,但是债权人和债务人另有约定的除外。

第六十八条　【法人的终止】 有下列原因之一并依法完成清算、注销登记的,法人终止:

(一)法人解散;

(二)法人被宣告破产;

(三)法律规定的其他原因。

法人终止,法律、行政法规规定须经有关机关批准的,依照其规定。

第六十九条 【法人的解散】有下列情形之一的,法人解散:

(一)法人章程规定的存续期间届满或者法人章程规定的其他解散事由出现;

(二)法人的权力机构决议解散;

(三)因法人合并或者分立需要解散;

(四)法人依法被吊销营业执照、登记证书,被责令关闭或者被撤销;

(五)法律规定的其他情形。

第七十条 【法人解散后的清算】法人解散的,除合并或者分立的情形外,清算义务人应当及时组成清算组进行清算。

法人的董事、理事等执行机构或者决策机构的成员为清算义务人。法律、行政法规另有规定的,依照其规定。

清算义务人未及时履行清算义务,造成损害的,应当承担民事责任;主管机关或者利害关系人可以申请人民法院指定有关人员组成清算组进行清算。

第七十一条 【法人清算的法律适用】法人的清算程序和清算组职权,依照有关法律的规定;没有规定的,参照适用公司法律的有关规定。

第七十二条 【清算的法律效果】清算期间法人存续,但是不得从事与清算无关的活动。

法人清算后的剩余财产,按照法人章程的规定或者法人权力机构的决议处理。法律另有规定的,依照其规定。

清算结束并完成法人注销登记时,法人终止;依法不需要办理法人登记的,清算结束时,法人终止。

第七十三条 【法人因破产而终止】法人被宣告破产的,依法进行破产清算并完成法人注销登记时,法人终止。

第七十四条 【法人的分支机构】法人可以依法设立分支机构。法律、行政法规规定分支机构应当登记的,依照其规定。

分支机构以自己的名义从事民事活动,产生的民事责任由法人承担；也可以先以该分支机构管理的财产承担，不足以承担的，由法人承担。

第七十五条 【法人设立行为的法律后果】设立人为设立法人从事的民事活动，其法律后果由法人承受；法人未成立的，其法律后果由设立人承受，设立人为二人以上的，享有连带债权，承担连带债务。

设立人为设立法人以自己的名义从事民事活动产生的民事责任，第三人有权选择请求法人或者设立人承担。

第二节 营利法人

第七十六条 【营利法人的定义和类型】以取得利润并分配给股东等出资人为目的成立的法人，为营利法人。

营利法人包括有限责任公司、股份有限公司和其他企业法人等。

第七十七条 【营利法人的成立】营利法人经依法登记成立。

第七十八条 【营利法人的营业执照】依法设立的营利法人，由登记机关发给营利法人营业执照。营业执照签发日期为营利法人的成立日期。

第七十九条 【营利法人的章程】设立营利法人应当依法制定法人章程。

第八十条 【营利法人的权力机构】营利法人应当设权力机构。

权力机构行使修改法人章程，选举或者更换执行机构、监督机构成员，以及法人章程规定的其他职权。

第八十一条 【营利法人的执行机构】营利法人应当设执行机构。

执行机构行使召集权力机构会议，决定法人的经营计划和投资方案，决定法人内部管理机构的设置，以及法人章程规定的其他职权。

执行机构为董事会或者执行董事的，董事长、执行董事或者经理按照法人章程的规定担任法定代表人；未设董事会或者执行董事的，法人章程规定的主要负责人为其执行机构和法定代表人。

第八十二条 【营利法人的监督机构】营利法人设监事会或者监事等监督机构的，监督机构依法行使检查法人财务，监督执行机构成员、高级管理人员执行法人职务的行为，以及法人章程规定的其他职权。

第八十三条 【出资人滥用权利的责任承担】营利法人的出资人不得滥用出资人权利损害法人或者其他出资人的利益；滥用出资人权利造成法人或者其他出资人损失的，应当依法承担民事责任。

营利法人的出资人不得滥用法人独立地位和出资人有限责任损害法人债权人的利益；滥用法人独立地位和出资人有限责任，逃避债务，严重损害法人债权人的利益的，应当对法人债务承担连带责任。

第八十四条 【利用关联关系造成损失的赔偿责任】营利法人的控股出资人、实际控制人、董事、监事、高级管理人员不得利用其关联关系损害法人的利益；利用关联关系造成法人损失的，应当承担赔偿责任。

第八十五条 【营利法人出资人对瑕疵决议的撤销权】营利法人的权力机构、执行机构作出决议的会议召集程序、表决方式违反法律、行政法规、法人章程，或者决议内容违反法人章程的，营利法人的出资人可以请求人民法院撤销该决议。但是，营利法人依据该决议与善意相对人形成的民事法律关系不受影响。

第八十六条 【营利法人的社会责任】营利法人从事经营活动，应当遵守商业道德，维护交易安全，接受政府和社会的监督，承担社会责任。

第三节 非营利法人

第八十七条 【非营利法人的定义和范围】为公益目的或者其他非营利目的成立，不向出资人、设立人或者会员分配所取得利润的法人，为非营利法人。

非营利法人包括事业单位、社会团体、基金会、社会服务机构等。

第八十八条 【事业单位法人资格的取得】具备法人条件，为适应经济社会发展需要，提供公益服务设立的事业单位，经依法登记成立，取得事业单位法人资格；依法不需要办理法人登记的，从成立之日起，具有事业单位法人资格。

第八十九条 【事业单位法人的组织机构】事业单位法人设理事会的，除法律另有规定外，理事会为其决策机构。事业单位法人的法定代表人依照法律、行政法规或者法人章程的规定产生。

第九十条 【社会团体法人资格的取得】具备法人条件，基于会员共同意愿，为公益目的或者会员共同利益等非营利目的设立的社会团体，经依法登记成立，取得社会团体法人资格；依法不需要办理法人登记的，从成立之日起，具有社会团体法人资格。

第九十一条 【社会团体法人章程和组织机构】设立社会团体法人应当依法制定法人章程。

社会团体法人应当设会员大会或者会员代表大会等权力机构。

社会团体法人应当设理事会等执行机构。理事长或者会长等负责人按照法人章程的规定担任法定代表人。

第九十二条 【捐助法人】具备法人条件，为公益目的以捐助财产设立的基金会、社会服务机构等，经依法登记成立，取得捐助法人资格。

依法设立的宗教活动场所，具备法人条件的，可以申请法人登记，取得捐助法人资格。法律、行政法规对宗教活动场所有规定的，依照其规定。

第九十三条 【捐助法人章程和组织机构】设立捐助法人应当依法制定法人章程。

捐助法人应当设理事会、民主管理组织等决策机构，并设执行机构。理事长等负责人按照法人章程的规定担任法定代表人。

捐助法人应当设监事会等监督机构。

第九十四条 【捐助人的权利】捐助人有权向捐助法人查询捐助财产的使用、管理情况，并提出意见和建议，捐助法人应当及时、如实答复。

捐助法人的决策机构、执行机构或者法定代表人作出决定的程序违反法律、行政法规、法人章程，或者决定内容违反法人章程的，捐助人等利害关系人或者主管机关可以请求人民法院撤销该决定。但是，捐助法人依据该决定与善意相对人形成的民事法律关系不受影响。

第九十五条 【公益性非营利法人剩余财产的处理】为公益目的成立的非营利法人终止时，不得向出资人、设立人或者会员分配剩余财产。剩余财产应当按照法人章程的规定或者权力机构的决议用于公益目的；无法按照法人章程的规定或者权力机构的决议处理的，由主管机关主持转给宗旨相同或者相近的法人，并向社会公告。

第四节 特别法人

第九十六条 【特别法人的类型】本节规定的机关法人、农村集体经济组织法人、城镇农村的合作经济组织法人、基层群众性自治组织法人，为特别法人。

第九十七条 【机关法人】有独立经费的机关和承担行政职能的法定机构从成立之日起，具有机关法人资格，可以从事为履行职能所需要的民事活动。

第九十八条 【机关法人的终止】机关法人被撤销的，法人终止，其民事权利和义务由继任的机关法人享有和承担；没有继任的机关法人的，由作出撤销决定的机关法人享有和承担。

第九十九条 【农村集体经济组织法人】农村集体经济组织依法取得法人资格。

法律、行政法规对农村集体经济组织有规定的，依照其规定。

第一百条 【合作经济组织法人】城镇农村的合作经济组织依法取得法人资格。

法律、行政法规对城镇农村的合作经济组织有规定的，依照其规定。

第一百零一条 【基层群众性自治组织法人】居民委员会、村民委员会具有基层群众性自治组织法人资格，可以从事为履行职能所需要的民事活动。

未设立村集体经济组织的，村民委员会可以依法代行村集体经济组织的职能。

……

第二编 物 权

……

第四分编 担保物权

第十六章 一般规定

第三百八十六条 【担保物权的定义】担保物权人在债务人不履行到期债务或者发生当事人约定的实现担保物权的情形，依法享有就担保财产优先受偿的权利,但是法律另有规定的除外。

第三百八十七条 【担保物权适用范围及反担保】债权人在借贷、买卖等民事活动中,为保障实现其债权,需要担保的,可以依照本法和其他法律的规定设立担保物权。

第三人为债务人向债权人提供担保的,可以要求债务人提供反担保。反担保适用本法和其他法律的规定。

第三百八十八条 【担保合同及其与主合同的关系】设立担保物权,应当依照本法和其他法律的规定订立担保合同。担保合同包括抵押合同、质押合同和其他具有担保功能的合同。担保合同是主债权债务合同的从合同。主债权债务合同无效的,担保合同无效,但是法律另有规定的除外。

担保合同被确认无效后,债务人、担保人、债权人有过错的,应当根据其过错各自承担相应的民事责任。

第三百八十九条 【担保范围】担保物权的担保范围包括主债权及其利息、违约金、损害赔偿金、保管担保财产和实现担保物权的费用。当事人另有约定的,按照其约定。

第三百九十条 【担保物权的物上代位性】担保期间,担保财产毁损、灭失或者被征收等,担保物权人可以就获得的保险金、赔偿金或者补偿金等优先受偿。被担保债权的履行期限未届满的,也可以提存该保险金、赔偿金或者补偿金等。

第三百九十一条 【债务转让对担保物权的效力】第三人提供担保,未经其书面同意,债权人允许债务人转移全部或者部分债务的,担保人不再承担相应的担保责任。

第三百九十二条 【人保和物保并存时的处理规则】被担保的债权既有物的担保又有人的担保的,债务人不履行到期债务或者发生当事人约定的实现担保物权的情形,债权人应当按照约定实现债权;没有约定或者约定不明确,债务人自己提供物的担保的,债权人应当先就该物的担保实现债权;第三人提供物的担保的,债权人可以就物的担保实现债权,也可以请求保证人承担保证责任。提供担保的第三人承担担保责任后，有权向债务人追偿。

第三百九十三条 【担保物权消灭的情形】有下列情形之一的，担保物权消灭：

（一）主债权消灭；

（二）担保物权实现；

（三）债权人放弃担保物权；

（四）法律规定担保物权消灭的其他情形。

第十七章 抵 押 权

第一节 一般抵押权

第三百九十四条 【抵押权的定义】为担保债务的履行，债务人或者第三人不转移财产的占有，将该财产抵押给债权人的，债务人不履行到期债务或者发生当事人约定的实现抵押权的情形，债权人有权就该财产优先受偿。

前款规定的债务人或者第三人为抵押人，债权人为抵押权人，提供担保的财产为抵押财产。

第三百九十五条 【可抵押财产的范围】债务人或者第三人有权处分的下列财产可以抵押：

（一）建筑物和其他土地附着物；

（二）建设用地使用权；

（三）海域使用权；

（四）生产设备、原材料、半成品、产品；

（五）正在建造的建筑物、船舶、航空器；

（六）交通运输工具；

（七）法律、行政法规未禁止抵押的其他财产。

抵押人可以将前款所列财产一并抵押。

第三百九十六条 【浮动抵押】企业、个体工商户、农业生产经营者可以将现有的以及将有的生产设备、原材料、半成品、产品抵押，债务人不履行到期债务或者发生当事人约定的实现抵押权的情形，债权人有权就抵押财产确定时的动产优先受偿。

第三百九十七条 【建筑物和相应的建设用地使用权一并抵押规则】以建筑物抵押的，该建筑物占用范围内的建设用地使用权一并抵押。以建设用地使用权抵押的，该土地上的建筑物一并抵押。

抵押人未依据前款规定一并抵押的，未抵押的财产视为一并抵押。

第三百九十八条 【乡镇、村企业的建设用地使用权与房屋一并抵押规则】乡镇、村企业的建设用地使用权不得单独抵押。以乡镇、村企业的厂房等建筑物抵押的，其占用范围内的建设用地使用权一并抵押。

第三百九十九条 【禁止抵押的财产范围】下列财产不得抵押：

（一）土地所有权；

（二）宅基地、自留地、自留山等集体所有土地的使用权，但是法律规定可以抵押的除外；

（三）学校、幼儿园、医疗机构等为公益目的成立的非营利法人的教育设施、医疗卫生设施和其他公益设施；

（四）所有权、使用权不明或者有争议的财产；

（五）依法被查封、扣押、监管的财产；

（六）法律、行政法规规定不得抵押的其他财产。

第四百条 【抵押合同】设立抵押权，当事人应当采用书面形式订立抵押合同。

抵押合同一般包括下列条款：

（一）被担保债权的种类和数额；

（二）债务人履行债务的期限；

（三）抵押财产的名称、数量等情况；

（四）担保的范围。

第四百零一条 【流押条款的效力】抵押权人在债务履行期限届满前，与抵押人约定债务人不履行到期债务时抵押财产归债权人所有的，只能依法就抵押财产优先受偿。

第四百零二条 【不动产抵押登记】以本法第三百九十五条第一款第一项至第三项规定的财产或者第五项规定的正在建造的建筑物抵押的，应当办理抵押登记。抵押权自登记时设立。

第四百零三条 【动产抵押的效力】以动产抵押的，抵押权自抵押合同生效时设立；未经登记，不得对抗善意第三人。

第四百零四条 【动产抵押权对抗效力的限制】以动产抵押的，不得对抗正常经营活动中已经支付合理价款并取得抵押财产的买受人。

第四百零五条 【抵押权和租赁权的关系】抵押权设立前，抵押财产已经出租并转移占有的，原租赁关系不受该抵押权的影响。

第四百零六条 【抵押期间抵押财产转让应当遵循的规则】抵押期间，抵押人可以转让抵押财产。当事人另有约定的，按照其约定。抵押财产转让的，抵押权不受影响。

抵押人转让抵押财产的，应当及时通知抵押权人。抵押权人能够证明抵押财产转让可能损害抵押权的，可以请求抵押人将转让所得的价款向抵押权人提前清偿债务或者提存。转让的价款超过债权数额的部分归抵押人所有，不足部分由债务人清偿。

第四百零七条 【抵押权的从属性】抵押权不得与债权分离而单独转让或者作为其他债权的担保。债权转让的，担保该债权的抵押权一并转让，但是法律另有规定或者当事人另有约定的除外。

第四百零八条 【抵押财产价值减少时抵押权人的保护措施】抵押人的行为足以使抵押财产价值减少的，抵押权人有权请求抵押人停止其行为；抵押财产价值减少的，抵押权人有权请求恢复抵押财产的价值，或者提供与减少的价值相应的担保。抵押人不恢复抵押财产的价值，也不提供担保的，抵押权人有权请求债务人提前清偿债务。

第四百零九条　【抵押权人放弃抵押权或抵押权顺位的法律后果】抵押权人可以放弃抵押权或者抵押权的顺位。抵押权人与抵押人可以协议变更抵押权顺位以及被担保的债权数额等内容。但是，抵押权的变更未经其他抵押权人书面同意的，不得对其他抵押权人产生不利影响。

债务人以自己的财产设定抵押，抵押权人放弃该抵押权、抵押权顺位或者变更抵押权的，其他担保人在抵押权人丧失优先受偿权益的范围内免除担保责任，但是其他担保人承诺仍然提供担保的除外。

第四百一十条　【抵押权实现的方式和程序】债务人不履行到期债务或者发生当事人约定的实现抵押权的情形，抵押权人可以与抵押人协议以抵押财产折价或者以拍卖、变卖该抵押财产所得的价款优先受偿。协议损害其他债权人利益的，其他债权人可以请求人民法院撤销该协议。

抵押权人与抵押人未就抵押权实现方式达成协议的，抵押权人可以请求人民法院拍卖、变卖抵押财产。

抵押财产折价或者变卖的，应当参照市场价格。

第四百一十一条　【浮动抵押财产的确定】依据本法第三百九十六条规定设定抵押的，抵押财产自下列情形之一发生时确定：

（一）债务履行期限届满，债权未实现；

（二）抵押人被宣告破产或者解散；

（三）当事人约定的实现抵押权的情形；

（四）严重影响债权实现的其他情形。

第四百一十二条　【抵押财产孳息归属】债务人不履行到期债务或者发生当事人约定的实现抵押权的情形，致使抵押财产被人民法院依法扣押的，自扣押之日起，抵押权人有权收取该抵押财产的天然孳息或者法定孳息，但是抵押权人未通知应当清偿法定孳息义务人的除外。

前款规定的孳息应当先充抵收取孳息的费用。

第四百一十三条　【抵押财产变价款的归属原则】抵押财产折价或者拍卖、变卖后，其价款超过债权数额的部分归抵押人所有，不足部分由债务人清偿。

第四百一十四条　【同一财产上多个抵押权的效力顺序】同一财产向两个以上债权人抵押的，拍卖、变卖抵押财产所得的价款依照下列规定清偿：

（一）抵押权已经登记的，按照登记的时间先后确定清偿顺序；

（二）抵押权已经登记的先于未登记的受偿；

（三）抵押权未登记的，按照债权比例清偿。

其他可以登记的担保物权，清偿顺序参照适用前款规定。

第四百一十五条　【既有抵押权又有质权的财产的清偿顺序】同一财产既设立抵押权又设立质权的，拍卖、变卖该财产所得的价款按照登记、交付的时间先后确定清偿顺序。

第四百一十六条　【买卖价款抵押权】动产抵押担保的主债权是抵押物的价款，标的物交付后十日内办理抵押登记的，该抵押权人优先于抵押物买受人的其他担保物权人受偿，但是留置权人除外。

第四百一十七条　【抵押权对新增建筑物的效力】建设用地使用权抵押后，该土地上新增的建筑物不属于抵押财产。该建设用地使用权实现抵押权时，应当将该土地上新增的建筑物与建设用地使用权一并处分。但是，新增建筑物所得的价款，抵押权人无权优先受偿。

第四百一十八条　【集体所有土地使用权抵押权的实现效果】以集体所有土地的使用权依法抵押的，实现抵押权后，未经法定程序，不得改变土地所有权的性质和土地用途。

第四百一十九条 【抵押权的存续期间】抵押权人应当在主债权诉讼时效期间行使抵押权；未行使的，人民法院不予保护。

第二节 最高额抵押权

第四百二十条 【最高额抵押规则】为担保债务的履行，债务人或者第三人对一定期间内将要连续发生的债权提供担保财产的，债务人不履行到期债务或者发生当事人约定的实现抵押权的情形，抵押权人有权在最高债权额限度内就该担保财产优先受偿。

最高额抵押权设立前已经存在的债权，经当事人同意，可以转入最高额抵押担保的债权范围。

第四百二十一条 【最高额抵押权担保的部分债权转让效力】最高额抵押担保的债权确定前，部分债权转让的，最高额抵押权不得转让，但是当事人另有约定的除外。

第四百二十二条 【最高额抵押合同条款变更】最高额抵押担保的债权确定前，抵押权人与抵押人可以通过协议变更债权确定的期间、债权范围以及最高债权额。但是，变更的内容不得对其他抵押权人产生不利影响。

第四百二十三条 【最高额抵押所担保债权的确定事由】有下列情形之一的，抵押权人的债权确定：

（一）约定的债权确定期间届满；

（二）没有约定债权确定期间或者约定不明确，抵押权人或者抵押人自最高额抵押权设立之日起满二年后请求确定债权；

（三）新的债权不可能发生；

（四）抵押权人知道或者应当知道抵押财产被查封、扣押；

（五）债务人、抵押人被宣告破产或者解散；

（六）法律规定债权确定的其他情形。

第四百二十四条 【最高额抵押的法律适用】最高额抵押权除适用本节规定外，适用本章第一节的有关规定。

第十八章 质 权

第一节 动产质权

第四百二十五条 【动产质权概念】为担保债务的履行,债务人或者第三人将其动产出质给债权人占有的,债务人不履行到期债务或者发生当事人约定的实现质权的情形,债权人有权就该动产优先受偿。

前款规定的债务人或者第三人为出质人,债权人为质权人,交付的动产为质押财产。

第四百二十六条 【禁止出质的动产范围】法律、行政法规禁止转让的动产不得出质。

第四百二十七条 【质押合同形式及内容】设立质权,当事人应当采用书面形式订立质押合同。

质押合同一般包括下列条款:

(一) 被担保债权的种类和数额;

(二) 债务人履行债务的期限;

(三) 质押财产的名称、数量等情况;

(四) 担保的范围;

(五) 质押财产交付的时间、方式。

第四百二十八条 【流质条款的效力】质权人在债务履行期限届满前,与出质人约定债务人不履行到期债务时质押财产归债权人所有的,只能依法就质押财产优先受偿。

第四百二十九条 【质权的设立】质权自出质人交付质押财产时设立。

第四百三十条 【质权人的孳息收取权】质权人有权收取质押财产的孳息,但是合同另有约定的除外。

前款规定的孳息应当先充抵收取孳息的费用。

第四百三十一条 【质权人对质押财产处分的限制及其法律责任】质权人在质权存续期间，未经出质人同意，擅自使用、处分质押财产，造成出质人损害的，应当承担赔偿责任。

第四百三十二条 【质物保管义务】质权人负有妥善保管质押财产的义务；因保管不善致使质押财产毁损、灭失的，应当承担赔偿责任。

质权人的行为可能使质押财产毁损、灭失的，出质人可以请求质权人将质押财产提存，或者请求提前清偿债务并返还质押财产。

第四百三十三条 【质押财产保全】因不可归责于质权人的事由可能使质押财产毁损或者价值明显减少，足以危害质权人权利的，质权人有权请求出质人提供相应的担保；出质人不提供的，质权人可以拍卖、变卖质押财产，并与出质人协议将拍卖、变卖所得的价款提前清偿债务或者提存。

第四百三十四条 【转质】质权人在质权存续期间，未经出质人同意转质，造成质押财产毁损、灭失的，应当承担赔偿责任。

第四百三十五条 【放弃质权】质权人可以放弃质权。债务人以自己的财产出质，质权人放弃该质权的，其他担保人在质权人丧失优先受偿权益的范围内免除担保责任，但是其他担保人承诺仍然提供担保的除外。

第四百三十六条 【质物返还与质权实现】债务人履行债务或者出质人提前清偿所担保的债权的，质权人应当返还质押财产。

债务人不履行到期债务或者发生当事人约定的实现质权的情形，质权人可以与出质人协议以质押财产折价，也可以就拍卖、变卖质押财产所得的价款优先受偿。

质押财产折价或者变卖的，应当参照市场价格。

第四百三十七条 【出质人请求质权人及时行使质权】出质人可以请求质权人在债务履行期限届满后及时行使质权；质权人

不行使的，出质人可以请求人民法院拍卖、变卖质押财产。

出质人请求质权人及时行使质权，因质权人怠于行使权利造成出质人损害的，由质权人承担赔偿责任。

第四百三十八条　【质押财产变价款归属原则】质押财产折价或者拍卖、变卖后，其价款超过债权数额的部分归出质人所有，不足部分由债务人清偿。

第四百三十九条　【最高额质权】出质人与质权人可以协议设立最高额质权。

最高额质权除适用本节有关规定外，参照适用本编第十七章第二节的有关规定。

第二节　权 利 质 权

第四百四十条　【可出质的权利的范围】债务人或者第三人有权处分的下列权利可以出质：

（一）汇票、本票、支票；

（二）债券、存款单；

（三）仓单、提单；

（四）可以转让的基金份额、股权；

（五）可以转让的注册商标专用权、专利权、著作权等知识产权中的财产权；

（六）现有的以及将有的应收账款；

（七）法律、行政法规规定可以出质的其他财产权利。

第四百四十一条　【有价证券质权】以汇票、本票、支票、债券、存款单、仓单、提单出质的，质权自权利凭证交付质权人时设立；没有权利凭证的，质权自办理出质登记时设立。法律另有规定的，依照其规定。

第四百四十二条　【有价证券质权人行使权利的特别规定】汇票、本票、支票、债券、存款单、仓单、提单的兑现日期或者提货日期先于主债权到期的，质权人可以兑现或者提货，并与出质人协议将兑现的价款或者提取的货物提前清偿债务或者提存。

第四百四十三条　【基金份额质权、股权质权】以基金份额、股权出质的，质权自办理出质登记时设立。

基金份额、股权出质后，不得转让，但是出质人与质权人协商同意的除外。出质人转让基金份额、股权所得的价款，应当向质权人提前清偿债务或者提存。

第四百四十四条　【知识产权质权】以注册商标专用权、专利权、著作权等知识产权中的财产权出质的，质权自办理出质登记时设立。

知识产权中的财产权出质后，出质人不得转让或者许可他人使用，但是出质人与质权人协商同意的除外。出质人转让或者许可他人使用出质的知识产权中的财产权所得的价款，应当向质权人提前清偿债务或者提存。

第四百四十五条　【应收账款质权】以应收账款出质的，质权自办理出质登记时设立。

应收账款出质后，不得转让，但是出质人与质权人协商同意的除外。出质人转让应收账款所得的价款，应当向质权人提前清偿债务或者提存。

第四百四十六条　【权利质权的法律适用】权利质权除适用本节规定外，适用本章第一节的有关规定。

第十九章　留　置　权

第四百四十七条　【留置权的定义】债务人不履行到期债务，债权人可以留置已经合法占有的债务人的动产，并有权就该动产优先受偿。

前款规定的债权人为留置权人，占有的动产为留置财产。

第四百四十八条　【留置财产与债权的关系】债权人留置的动产，应当与债权属于同一法律关系，但是企业之间留置的除外。

第四百四十九条 【留置权适用范围的限制性规定】法律规定或者当事人约定不得留置的动产,不得留置。

第四百五十条 【可分留置物】留置财产为可分物的,留置财产的价值应当相当于债务的金额。

第四百五十一条 【留置权人保管义务】留置权人负有妥善保管留置财产的义务;因保管不善致使留置财产毁损、灭失的,应当承担赔偿责任。

第四百五十二条 【留置财产的孳息收取】留置权人有权收取留置财产的孳息。

前款规定的孳息应当先充抵收取孳息的费用。

第四百五十三条 【留置权的实现】留置权人与债务人应当约定留置财产后的债务履行期限;没有约定或者约定不明确的,留置权人应当给债务人六十日以上履行债务的期限,但是鲜活易腐等不易保管的动产除外。债务人逾期未履行的,留置权人可以与债务人协议以留置财产折价,也可以就拍卖、变卖留置财产所得的价款优先受偿。

留置财产折价或者变卖的,应当参照市场价格。

第四百五十四条 【债务人请求留置权人行使留置权】债务人可以请求留置权人在债务履行期限届满后行使留置权;留置权人不行使的,债务人可以请求人民法院拍卖、变卖留置财产。

第四百五十五条 【留置权实现方式】留置财产折价或者拍卖、变卖后,其价款超过债权数额的部分归债务人所有,不足部分由债务人清偿。

第四百五十六条 【留置权优先于其他担保物权效力】同一动产上已经设立抵押权或者质权,该动产又被留置的,留置权人优先受偿。

第四百五十七条 【留置权消灭】留置权人对留置财产丧失占有或者留置权人接受债务人另行提供担保的,留置权消灭。

……

第三编 合　　同

……

第二分编　典型合同

……

第十三章　保证合同

第一节　一般规定

第六百八十一条　【保证合同的概念】保证合同是为保障债权的实现，保证人和债权人约定，当债务人不履行到期债务或者发生当事人约定的情形时，保证人履行债务或者承担责任的合同。

第六百八十二条　【保证合同的附从性及被确认无效后的责任分配】保证合同是主债权债务合同的从合同。主债权债务合同无效的，保证合同无效，但是法律另有规定的除外。

保证合同被确认无效后，债务人、保证人、债权人有过错的，应当根据其过错各自承担相应的民事责任。

第六百八十三条　【保证人的资格】机关法人不得为保证人，但是经国务院批准为使用外国政府或者国际经济组织贷款进行转贷的除外。

以公益为目的的非营利法人、非法人组织不得为保证人。

第六百八十四条　【保证合同的一般内容】保证合同的内容一般包括被保证的主债权的种类、数额，债务人履行债务的期限，保证的方式、范围和期间等条款。

第六百八十五条　【保证合同的订立】保证合同可以是单独订立的书面合同，也可以是主债权债务合同中的保证条款。

第三人单方以书面形式向债权人作出保证，债权人接收且未提出异议的，保证合同成立。

第六百八十六条　【保证方式】保证的方式包括一般保证和连带责任保证。

当事人在保证合同中对保证方式没有约定或者约定不明确的，按照一般保证承担保证责任。

第六百八十七条　【一般保证及先诉抗辩权】当事人在保证合同中约定，债务人不能履行债务时，由保证人承担保证责任的，为一般保证。

一般保证的保证人在主合同纠纷未经审判或者仲裁，并就债务人财产依法强制执行仍不能履行债务前，有权拒绝向债权人承担保证责任，但是有下列情形之一的除外：

（一）债务人下落不明，且无财产可供执行；
（二）人民法院已经受理债务人破产案件；
（三）债权人有证据证明债务人的财产不足以履行全部债务或者丧失履行债务能力；
（四）保证人书面表示放弃本款规定的权利。

第六百八十八条　【连带责任保证】当事人在保证合同中约定保证人和债务人对债务承担连带责任的，为连带责任保证。

连带责任保证的债务人不履行到期债务或者发生当事人约定的情形时，债权人可以请求债务人履行债务，也可以请求保证人在其保证范围内承担保证责任。

第六百八十九条　【反担保】保证人可以要求债务人提供反担保。

第六百九十条　【最高额保证合同】保证人与债权人可以协商订立最高额保证的合同，约定在最高债权额限度内就一定期间连续发生的债权提供保证。

最高额保证除适用本章规定外，参照适用本法第二编最高额抵押权的有关规定。

第二节 保证责任

第六百九十一条 【保证责任的范围】保证的范围包括主债权及其利息、违约金、损害赔偿金和实现债权的费用。当事人另有约定的，按照其约定。

第六百九十二条 【保证期间】保证期间是确定保证人承担保证责任的期间，不发生中止、中断和延长。

债权人与保证人可以约定保证期间，但是约定的保证期间早于主债务履行期限或者与主债务履行期限同时届满的，视为没有约定；没有约定或者约定不明确的，保证期间为主债务履行期限届满之日起六个月。

债权人与债务人对主债务履行期限没有约定或者约定不明确的，保证期间自债权人请求债务人履行债务的宽限期届满之日起计算。

第六百九十三条 【保证期间届满的法律效果】一般保证的债权人未在保证期间对债务人提起诉讼或者申请仲裁的，保证人不再承担保证责任。

连带责任保证的债权人未在保证期间请求保证人承担保证责任的，保证人不再承担保证责任。

第六百九十四条 【保证债务的诉讼时效】一般保证的债权人在保证期间届满前对债务人提起诉讼或者申请仲裁的，从保证人拒绝承担保证责任的权利消灭之日起，开始计算保证债务的诉讼时效。

连带责任保证的债权人在保证期间届满前请求保证人承担保证责任的，从债权人请求保证人承担保证责任之日起，开始计算保证债务的诉讼时效。

第六百九十五条 【主合同变更对保证责任的影响】债权人和债务人未经保证人书面同意，协商变更主债权债务合同内容，减轻债务的，保证人仍对变更后的债务承担保证责任；加重债务的，保证人对加重的部分不承担保证责任。

债权人和债务人变更主债权债务合同的履行期限，未经保证人书面同意的，保证期间不受影响。

第六百九十六条 【债权转让时保证人的保证责任】债权人转让全部或者部分债权，未通知保证人的，该转让对保证人不发生效力。

保证人与债权人约定禁止债权转让，债权人未经保证人书面同意转让债权的，保证人对受让人不再承担保证责任。

第六百九十七条 【债务承担对保证责任的影响】债权人未经保证人书面同意，允许债务人转移全部或者部分债务，保证人对未经其同意转移的债务不再承担保证责任，但是债权人和保证人另有约定的除外。

第三人加入债务的，保证人的保证责任不受影响。

第六百九十八条 【一般保证人免责】一般保证的保证人在主债务履行期限届满后，向债权人提供债务人可供执行财产的真实情况，债权人放弃或者怠于行使权利致使该财产不能被执行的，保证人在其提供可供执行财产的价值范围内不再承担保证责任。

第六百九十九条 【共同保证】同一债务有两个以上保证人的，保证人应当按照保证合同约定的保证份额，承担保证责任；没有约定保证份额的，债权人可以请求任何一个保证人在其保证范围内承担保证责任。

第七百条 【保证人的追偿权】保证人承担保证责任后，除当事人另有约定外，有权在其承担保证责任的范围内向债务人追偿，享有债权人对债务人的权利，但是不得损害债权人的利益。

第七百零一条 【保证人的抗辩权】保证人可以主张债务人对债权人的抗辩。债务人放弃抗辩的，保证人仍有权向债权人主张抗辩。

第七百零二条 【抵销权或撤销权范围内的免责】债务人对债权人享有抵销权或者撤销权的，保证人可以在相应范围内拒绝承担保证责任。

……

中华人民共和国公司法（节录）

（1993年12月29日第八届全国人民代表大会常务委员会第五次会议通过　根据1999年12月25日第九届全国人民代表大会常务委员会第十三次会议《关于修改〈中华人民共和国公司法〉的决定》第一次修正　根据2004年8月28日第十届全国人民代表大会常务委员会第十一次会议《关于修改〈中华人民共和国公司法〉的决定》第二次修正　2005年10月27日第十届全国人民代表大会常务委员会第十八次会议第一次修订　根据2013年12月28日第十二届全国人民代表大会常务委员会第六次会议《关于修改〈中华人民共和国海洋环境保护法〉等七部法律的决定》第三次修正　根据2018年10月26日第十三届全国人民代表大会常务委员会第六次会议《关于修改〈中华人民共和国公司法〉的决定》第四次修正　2023年12月29日第十四届全国人民代表大会常务委员会第七次会议第二次修订　2023年12月29日中华人民共和国主席令第15号公布　自2024年7月1日起施行）

……

第二章　公司登记

……

第三十七条　【注销登记】公司因解散、被宣告破产或者其他法定事由需要终止的，应当依法向公司登记机关申请注销登记，由公司登记机关公告公司终止。

......

第七章　国家出资公司组织机构的特别规定

......

第一百七十二条　【**履行出资人职责的机构行使股东会职权及其授权**】国有独资公司不设股东会，由履行出资人职责的机构行使股东会职权。履行出资人职责的机构可以授权公司董事会行使股东会的部分职权，但公司章程的制定和修改，公司的合并、分立、解散、申请破产，增加或者减少注册资本，分配利润，应当由履行出资人职责的机构决定。

......

第八章　公司董事、监事、高级　　　　　管理人员的资格和义务

......

第一百八十一条　【**违反忠实义务的行为**】董事、监事、高级管理人员不得有下列行为：

（一）侵占公司财产、挪用公司资金；

（二）将公司资金以其个人名义或者以其他个人名义开立账户存储；

（三）利用职权贿赂或者收受其他非法收入；

（四）接受他人与公司交易的佣金归为己有；

（五）擅自披露公司秘密；

（六）违反对公司忠实义务的其他行为。

第一百八十二条　【**自我交易和关联交易**】董事、监事、高级管理人员，直接或者间接与本公司订立合同或者进行交易，应

当就与订立合同或者进行交易有关的事项向董事会或者股东会报告，并按照公司章程的规定经董事会或者股东会决议通过。

董事、监事、高级管理人员的近亲属，董事、监事、高级管理人员或者其近亲属直接或者间接控制的企业，以及与董事、监事、高级管理人员有其他关联关系的关联人，与公司订立合同或者进行交易，适用前款规定。

第一百八十三条 【利用公司商业机会】董事、监事、高级管理人员，不得利用职务便利为自己或者他人谋取属于公司的商业机会。但是，有下列情形之一的除外：

（一）向董事会或者股东会报告，并按照公司章程的规定经董事会或者股东会决议通过；

（二）根据法律、行政法规或者公司章程的规定，公司不能利用该商业机会。

第一百八十四条 【竞业限制】董事、监事、高级管理人员未向董事会或者股东会报告，并按照公司章程的规定经董事会或者股东会决议通过，不得自营或者为他人经营与其任职公司同类的业务。

第一百八十五条 【关联董事回避表决】董事会对本法第一百八十二条至第一百八十四条规定的事项决议时，关联董事不得参与表决，其表决权不计入表决权总数。出席董事会会议的无关联关系董事人数不足三人的，应当将该事项提交股东会审议。

第一百八十六条 【归入权】董事、监事、高级管理人员违反本法第一百八十一条至第一百八十四条规定所得的收入应当归公司所有。

......

第十二章 公司解散和清算

第二百二十九条 【公司解散事由及其公示】公司因下列原

因解散：

（一）公司章程规定的营业期限届满或者公司章程规定的其他解散事由出现；

（二）股东会决议解散；

（三）因公司合并或者分立需要解散；

（四）依法被吊销营业执照、责令关闭或者被撤销；

（五）人民法院依照本法第二百三十一条的规定予以解散。

公司出现前款规定的解散事由，应当在十日内将解散事由通过国家企业信用信息公示系统予以公示。

第二百三十条　【公司出现特定解散事由的存续程序】公司有前条第一款第一项、第二项情形，且尚未向股东分配财产的，可以通过修改公司章程或者经股东会决议而存续。

依照前款规定修改公司章程或者经股东会决议，有限责任公司须经持有三分之二以上表决权的股东通过，股份有限公司须经出席股东会会议的股东所持表决权的三分之二以上通过。

第二百三十一条　【司法解散】公司经营管理发生严重困难，继续存续会使股东利益受到重大损失，通过其他途径不能解决的，持有公司百分之十以上表决权的股东，可以请求人民法院解散公司。

第二百三十二条　【公司自行清算】公司因本法第二百二十九条第一款第一项、第二项、第四项、第五项规定而解散的，应当清算。董事为公司清算义务人，应当在解散事由出现之日起十五日内组成清算组进行清算。

清算组由董事组成，但是公司章程另有规定或者股东会决议另选他人的除外。

清算义务人未及时履行清算义务，给公司或者债权人造成损失的，应当承担赔偿责任。

第二百三十三条　【法院指定清算】公司依照前条第一款的规定应当清算，逾期不成立清算组进行清算或者成立清算组后不清算的，利害关系人可以申请人民法院指定有关人员组成清算组进行清算。人民法院应当受理该申请，并及时组织清算组进行清算。

公司因本法第二百二十九条第一款第四项的规定而解散的，作出吊销营业执照、责令关闭或者撤销决定的部门或者公司登记机关，可以申请人民法院指定有关人员组成清算组进行清算。

第二百三十四条 【清算组的职权】清算组在清算期间行使下列职权：

（一）清理公司财产，分别编制资产负债表和财产清单；

（二）通知、公告债权人；

（三）处理与清算有关的公司未了结的业务；

（四）清缴所欠税款以及清算过程中产生的税款；

（五）清理债权、债务；

（六）分配公司清偿债务后的剩余财产；

（七）代表公司参与民事诉讼活动。

第二百三十五条 【债权申报】清算组应当自成立之日起十日内通知债权人，并于六十日内在报纸上或者国家企业信用信息公示系统公告。债权人应当自接到通知之日起三十日内，未接到通知的自公告之日起四十五日内，向清算组申报其债权。

债权人申报债权，应当说明债权的有关事项，并提供证明材料。清算组应当对债权进行登记。

在申报债权期间，清算组不得对债权人进行清偿。

第二百三十六条 【制订清算方案和处分公司财产】清算组在清理公司财产、编制资产负债表和财产清单后，应当制订清算方案，并报股东会或者人民法院确认。

公司财产在分别支付清算费用、职工的工资、社会保险费用和法定补偿金，缴纳所欠税款，清偿公司债务后的剩余财产，有限责任公司按照股东的出资比例分配，股份有限公司按照股东持有的股份比例分配。

清算期间，公司存续，但不得开展与清算无关的经营活动。公司财产在未依照前款规定清偿前，不得分配给股东。

第二百三十七条　【破产清算的申请】清算组在清理公司财产、编制资产负债表和财产清单后，发现公司财产不足清偿债务的，应当依法向人民法院申请破产清算。

人民法院受理破产申请后，清算组应当将清算事务移交给人民法院指定的破产管理人。

第二百三十八条　【清算组成员的忠实义务和勤勉义务】清算组成员履行清算职责，负有忠实义务和勤勉义务。

清算组成员怠于履行清算职责，给公司造成损失的，应当承担赔偿责任；因故意或者重大过失给债权人造成损失的，应当承担赔偿责任。

第二百三十九条　【制作清算报告和申请注销登记】公司清算结束后，清算组应当制作清算报告，报股东会或者人民法院确认，并报送公司登记机关，申请注销公司登记。

第二百四十条　【简易注销】公司在存续期间未产生债务，或者已清偿全部债务的，经全体股东承诺，可以按照规定通过简易程序注销公司登记。

通过简易程序注销公司登记，应当通过国家企业信用信息公示系统予以公告，公告期限不少于二十日。公告期限届满后，未有异议的，公司可以在二十日内向公司登记机关申请注销公司登记。

公司通过简易程序注销公司登记，股东对本条第一款规定的内容承诺不实的，应当对注销登记前的债务承担连带责任。

第二百四十一条　【强制注销】公司被吊销营业执照、责令关闭或者被撤销，满三年未向公司登记机关申请注销公司登记的，公司登记机关可以通过国家企业信用信息公示系统予以公告，公告期限不少于六十日。公告期限届满后，未有异议的，公司登记机关可以注销公司登记。

依照前款规定注销公司登记的，原公司股东、清算义务人的责任不受影响。

第二百四十二条 【破产清算的法律适用】公司被依法宣告破产的，依照有关企业破产的法律实施破产清算。

……

最高人民法院关于适用《中华人民共和国公司法》若干问题的规定（二）

（2008年5月5日最高人民法院审判委员会第1447次会议通过 根据2014年2月17日最高人民法院审判委员会第1607次会议《关于修改关于适用〈中华人民共和国公司法〉若干问题的规定的决定》第一次修正 根据2020年12月23日最高人民法院审判委员会第1823次会议通过的《最高人民法院关于修改〈最高人民法院关于破产企业国有划拨土地使用权应否列入破产财产等问题的批复〉等二十九件商事类司法解释的决定》第二次修正 2020年12月29日最高人民法院公告公布）

为正确适用《中华人民共和国公司法》，结合审判实践，就人民法院审理公司解散和清算案件适用法律问题作出如下规定。

第一条 【股东提起解散公司诉讼案件的受理】单独或者合计持有公司全部股东表决权百分之十以上的股东，以下列事由之一提起解散公司诉讼，并符合公司法第一百八十二条[①]规定的，人民法院应予受理：

[①] 2023年《公司法》修改后，部分条文序号有变动。——编者注

（一）公司持续两年以上无法召开股东会或者股东大会，公司经营管理发生严重困难的；

（二）股东表决时无法达到法定或者公司章程规定的比例，持续两年以上不能做出有效的股东会或者股东大会决议，公司经营管理发生严重困难的；

（三）公司董事长期冲突，且无法通过股东会或者股东大会解决，公司经营管理发生严重困难的；

（四）经营管理发生其他严重困难，公司继续存续会使股东利益受到重大损失的情形。

股东以知情权、利润分配请求权等权益受到损害，或者公司亏损、财产不足以偿还全部债务，以及公司被吊销企业法人营业执照未进行清算等为由，提起解散公司诉讼的，人民法院不予受理。

第二条【股东提起解散公司诉讼和公司清算案件的分离】股东提起解散公司诉讼，同时又申请人民法院对公司进行清算的，人民法院对其提出的清算申请不予受理。人民法院可以告知原告，在人民法院判决解散公司后，依据民法典第七十条、公司法第一百八十三条和本规定第七条的规定，自行组织清算或者另行申请人民法院对公司进行清算。

▶理解与适用

本条是关于股东请求解散公司诉讼和公司清算案件的分离的规定。之所以如此规定，原因在于：一是两个诉的种类截然不同，股东请求解散公司诉讼是变更之诉，公司清算案件是非讼案件，审判程序不同，无法合并审理。二是在股东提起解散公司诉讼时，公司解散的事实并未发生，公司是否解散尚需人民法院的生效判决予以确定；且即使人民法院判决解散后，按照公司法第183条（2023年公司法修订后，相应规定调整为第232条）的规定，原则上仍应由公司在解散事由出现之日起15日内成立清算组自行清算，只有在公司逾期不成立清算组进行清算时，方可向人民法院申请强制清算。

第三条 【股东提起解散公司诉讼中的保全】股东提起解散公司诉讼时，向人民法院申请财产保全或者证据保全的，在股东提供担保且不影响公司正常经营的情形下，人民法院可予以保全。

第四条 【股东提起解散公司诉讼的当事人】股东提起解散公司诉讼应当以公司为被告。

原告以其他股东为被告一并提起诉讼的，人民法院应当告知原告将其他股东变更为第三人；原告坚持不予变更的，人民法院应当驳回原告对其他股东的起诉。

原告提起解散公司诉讼应当告知其他股东，或者由人民法院通知其参加诉讼。其他股东或者有关利害关系人申请以共同原告或者第三人身份参加诉讼的，人民法院应予准许。

第五条 【股东提起解散公司诉讼审理中的调解】人民法院审理解散公司诉讼案件，应当注重调解。当事人协商同意由公司或者股东收购股份，或者以减资等方式使公司存续，且不违反法律、行政法规强制性规定的，人民法院应予支持。当事人不能协商一致使公司存续的，人民法院应当及时判决。

经人民法院调解公司收购原告股份的，公司应当自调解书生效之日起六个月内将股份转让或者注销。股份转让或者注销之前，原告不得以公司收购其股份为由对抗公司债权人。

第六条 【人民法院就是否解散公司作出的判决的约束力】人民法院关于解散公司诉讼作出的判决，对公司全体股东具有法律约束力。

人民法院判决驳回解散公司诉讼请求后，提起该诉讼的股东或者其他股东又以同一事实和理由提起解散公司诉讼的，人民法院不予受理。

▶理解与适用

这里应当注意两个问题：(1)"同一事实和理由"系指同一个事实和理由，而非同类事实和理由。(2)之所以将"提起该诉讼的股东"和"其他股东"分别列举表述，意在强调因解散公司诉讼系针对公司组织方面的诉讼。因此，人民法院对解散公司诉讼作出的判决，对公司所有股东具有法律效力，尤其强调对"其他股东"（包括未参加诉讼的股东和作为第三人的股东）具有法律约束力。在人民法院判决驳回原告股东的诉讼请求后，不仅该原告股东不得再以同一事实和理由提起解散公司诉讼，而且其他公司股东亦不得再以同一事实和理由提起解散公司诉讼。

第七条 【解散公司的自行清算和指定清算】公司应当依照民法典第七十条、公司法第一百八十三条的规定，在解散事由出现之日起十五日内成立清算组，开始自行清算。

有下列情形之一，债权人、公司股东、董事或其他利害关系人申请人民法院指定清算组进行清算的，人民法院应予受理：

（一）公司解散逾期不成立清算组进行清算的；

（二）虽然成立清算组但故意拖延清算的；

（三）违法清算可能严重损害债权人或者股东利益的。

第八条 【清算组成员的产生】人民法院受理公司清算案件，应当及时指定有关人员组成清算组。

清算组成员可以从下列人员或者机构中产生：

（一）公司股东、董事、监事、高级管理人员；

（二）依法设立的律师事务所、会计师事务所、破产清算事务所等社会中介机构；

（三）依法设立的律师事务所、会计师事务所、破产清算事务所等社会中介机构中具备相关专业知识并取得执业资格的人员。

第九条 【清算组成员的更换】人民法院指定的清算组成员有下列情形之一的，人民法院可以根据债权人、公司股东、董事或其他利害关系人的申请，或者依职权更换清算组成员：

（一）有违反法律或者行政法规的行为；

（二）丧失执业能力或者民事行为能力；

（三）有严重损害公司或者债权人利益的行为。

第十条 【公司清算结束前的应诉及代表人问题】公司依法清算结束并办理注销登记前，有关公司的民事诉讼，应当以公司的名义进行。

公司成立清算组的，由清算组负责人代表公司参加诉讼；尚未成立清算组的，由原法定代表人代表公司参加诉讼。

第十一条 【清算组通知和公告解散清算事宜义务】公司清算时，清算组应当按照公司法第一百八十五条的规定，将公司解散清算事宜书面通知全体已知债权人，并根据公司规模和营业地域范围在全国或者公司注册登记地省级有影响的报纸上进行公告。

清算组未按照前款规定履行通知和公告义务，导致债权人未及时申报债权而未获清偿，债权人主张清算组成员对因此造成的损失承担赔偿责任的，人民法院应依法予以支持。

第十二条 【债权人异议】公司清算时，债权人对清算组核定的债权有异议的，可以要求清算组重新核定。清算组不予重新核定，或者债权人对重新核定的债权仍有异议，债权人以公司为被告向人民法院提起诉讼请求确认的，人民法院应予受理。

第十三条 【债权人补充申报债权的登记】债权人在规定的期限内未申报债权，在公司清算程序终结前补充申报的，清算组应予登记。

公司清算程序终结，是指清算报告经股东会、股东大会或者人民法院确认完毕。

第十四条 【债权人补充申报债权的清偿】债权人补充申报的债权，可以在公司尚未分配财产中依法清偿。公司尚未分配财产不能全额清偿，债权人主张股东以其在剩余财产分配中已经取得的财产予以清偿的，人民法院应予支持；但债权人因重大过错未在规定期限内申报债权的除外。

债权人或者清算组，以公司尚未分配财产和股东在剩余财产分配中已经取得的财产,不能全额清偿补充申报的债权为由,向人民法院提出破产清算申请的,人民法院不予受理。

▶理解与适用

本条规定债权人对未在规定期限内申报债权有重大过错的,如清算组依法通知其申报债权,而其因为自己的原因(非不可抗力)没有及时申报债权的,则其无权再要求在公司股东已经分配所得财产中受偿。这样规定,主要是在存在过错的债权人和股东之间寻求一种利益上的平衡,即在补充申报债权人存在重大过错的情形下,基于正常清算程序已经完成的剩余财产分配应为有效,不得因为债权的补充申报而否定原已进行行为的效力,除非补充申报债权人未及时申报债权系基于清算组的故意或者重大过失,以及不可抗拒的原因造成的,才通过适当否定股东剩余财产分配部分的效力,以保护补充申报债权人利益。但是,这种对已进行清算程序的否定绝对不能及于已实现债权的其他债权人。而如果所剩未分配财产和股东分配所得财产仍不足以清偿其债务(即公司事实上已经出现了破产原因)的,债权人无权要求以已经分配给其他债权人的财产获得清偿,亦无权以公平受偿为目的向人民法院提出破产清算的申请。

第十五条 【清算方案的确认】公司自行清算的,清算方案应当报股东会或者股东大会决议确认;人民法院组织清算的,清算方案应当报人民法院确认。未经确认的清算方案,清算组不得执行。

执行未经确认的清算方案给公司或者债权人造成损失,公司、股东、董事、公司其他利害关系人或者债权人主张清算组成员承担赔偿责任的,人民法院应依法予以支持。

第十六条 【清算期限及延长】人民法院组织清算的,清算组应当自成立之日起六个月内清算完毕。

因特殊情况无法在六个月内完成清算的,清算组应当向人民法院申请延长。

第十七条 【债务清偿方案】人民法院指定的清算组在清理公司财产、编制资产负债表和财产清单时,发现公司财产不足清偿债务的,可以与债权人协商制作有关债务清偿方案。

债务清偿方案经全体债权人确认且不损害其他利害关系人利益的,人民法院可依清算组的申请裁定予以认可。清算组依据该清偿方案清偿债务后,应当向人民法院申请裁定终结清算程序。

债权人对债务清偿方案不予确认或者人民法院不予认可的,清算组应当依法向人民法院申请宣告破产。

第十八条 【清算义务人怠于履行义务的民事责任】有限责任公司的股东、股份有限公司的董事和控股股东未在法定期限内成立清算组开始清算,导致公司财产贬值、流失、毁损或者灭失,债权人主张其在造成损失范围内对公司债务承担赔偿责任的,人民法院应依法予以支持。

有限责任公司的股东、股份有限公司的董事和控股股东因怠于履行义务,导致公司主要财产、账册、重要文件等灭失,无法进行清算,债权人主张其对公司债务承担连带清偿责任的,人民法院应依法予以支持。

上述情形系实际控制人原因造成,债权人主张实际控制人对公司债务承担相应民事责任的,人民法院应依法予以支持。

第十九条 【清算义务人恶意处置公司财产或骗取注销登记的民事责任】有限责任公司的股东、股份有限公司的董事和控股股东,以及公司的实际控制人在公司解散后,恶意处置公司财产给债权人造成损失,或者未经依法清算,以虚假的清算报告骗取公司登记机关办理法人注销登记,债权人主张其对公司债务承担相应赔偿责任的,人民法院应依法予以支持。

第二十条 【注销登记】公司解散应当在依法清算完毕后,申请办理注销登记。公司未经清算即办理注销登记,导致公司无法进行清算,债权人主张有限责任公司的股东、股份有限公司的董事和控股股东,以及公司的实际控制人对公司债务承担清偿责任的，人民法院应依法予以支持。

公司未经依法清算即办理注销登记，股东或者第三人在公司登记机关办理注销登记时承诺对公司债务承担责任，债权人主张其对公司债务承担相应民事责任的，人民法院应依法予以支持。

第二十一条　【清算义务人过错责任承担】按照本规定第十八条和第二十条第一款的规定应当承担责任的有限责任公司的股东、股份有限公司的董事和控股股东，以及公司的实际控制人为二人以上的，其中一人或者数人依法承担民事责任后，主张其他人员按照过错大小分担责任的，人民法院应依法予以支持。

第二十二条　【未缴纳出资应作为清算财产】公司解散时，股东尚未缴纳的出资均应作为清算财产。股东尚未缴纳的出资，包括到期应缴未缴的出资，以及依照公司法第二十六条和第八十条的规定分期缴纳尚未届满缴纳期限的出资。

公司财产不足以清偿债务时，债权人主张未缴出资股东，以及公司设立时的其他股东或者发起人在未缴出资范围内对公司债务承担连带清偿责任的，人民法院应依法予以支持。

第二十三条　【清算组成员违法从事清算事务的民事责任】清算组成员从事清算事务时，违反法律、行政法规或者公司章程给公司或者债权人造成损失，公司或者债权人主张其承担赔偿责任的，人民法院应依法予以支持。

有限责任公司的股东、股份有限公司连续一百八十日以上单独或者合计持有公司百分之一以上股份的股东，依据公司法第一百五十一条第三款的规定，以清算组成员有前款所述行为为由向人民法院提起诉讼的，人民法院应予受理。

公司已经清算完毕注销，上述股东参照公司法第一百五十一条第三款的规定，直接以清算组成员为被告、其他股东为第三人向人民法院提起诉讼的，人民法院应予受理。

第二十四条　【解散公司诉讼案件和公司清算案件的管辖】解散公司诉讼案件和公司清算案件由公司住所地人民法院管辖。

公司住所地是指公司主要办事机构所在地。公司办事机构所在地不明确的，由其注册地人民法院管辖。

基层人民法院管辖县、县级市或者区的公司登记机关核准登记公司的解散诉讼案件和公司清算案件；中级人民法院管辖地区、地级市以上的公司登记机关核准登记公司的解散诉讼案件和公司清算案件。

最高人民法院关于破产案件立案受理有关问题的通知

(2016年7月28日)

各省、自治区、直辖市高级人民法院，新疆维吾尔自治区高级人民法院生产建设兵团分院：

中央经济工作会议提出推进供给侧结构性改革，这是适应我国经济发展新常态作出的重大战略部署。为供给侧结构性改革提供有力的司法保障，是当前和今后一段时期人民法院的重要任务。破产审判工作具有依法促进市场主体再生或有序退出、优化社会资源配置、完善优胜劣汰机制的独特功能，是人民法院保障供给侧结构性改革、推动过剩产能化解的重要途径。因此，各级法院要高度重视、大力加强破产审判工作，认真研究解决影响破产审判职能发挥的体制性、机制性障碍。当前，尤其要做好破产案件的立案受理工作，这是加强破产审判工作的首要环节。为此，特就人民法院破产案件立案受理的有关问题通知如下：

一、破产案件的立案受理事关当事人破产申请权保障，决定破产程序能否顺利启动，是审理破产案件的基础性工作，各级法院要充分认识其重要意义，依照本通知要求，切实做好相关工作，不得在法定条件之外设置附加条件，限制剥夺当事人的破产申请权，阻止破产案件立案受理，影响破产程序正常启动。

二、自2016年8月1日起，对于债权人、债务人等法定主体提出的破产申请材料，人民法院立案部门应一律接收并出具书面凭证，然后根据《中华人民共和国企业破产法》第八条的规定进行形式审查。立案部门经审查认为申请人提交的材料符合法律规定的，应按2016年8月1日起实施的《强制清算与破产案件类型及代字标准》，以"破申"作为案件类型代字编制案号，当场登记立案。不符合法律规定的，应予释明，并以书面形式一次性告知应当补充、补正的材料，补充、补正期间不计入审查期限。申请人按要求补充、补正的，应当登记立案。

立案部门登记立案后，应及时将案件移送负责审理破产案件的审判业务部门。

三、审判业务部门应当在五日内将立案及合议庭组成情况通知债务人及提出申请的债权人。对于债权人提出破产申请的，应在通知中向债务人释明，如对破产申请有异议，应当自收到通知之日起七日内向人民法院提出。

四、债权人提出破产申请的，审判业务部门应当自债务人异议期满之日起十日内裁定是否受理。其他情形的，审判业务部门应当自人民法院收到破产申请之日起十五日内裁定是否受理。

有特殊情况需要延长上述审限的，经上一级人民法院批准，可以延长十五日。

五、破产案件涉及的矛盾错综复杂，协调任务繁重，审理周期长，对承办法官的绩效考评应充分考虑这种特殊性。各高级法院要根据本地实际，积极探索建立能够全面客观反映审理破产案件工作量的考评指标体系和科学合理的绩效考评机制，充分调动法官承办破产案件的积极性。

六、各级法院要在地方党委的领导下，同地方政府建立破产工作统一协调机制，积极争取机构、编制、财政、税收等方面的支持，根据审判任务变化情况合理设置机构、配置人员，建立破产援助基金，协调政府解决职工安置问题，妥善化解影响社会稳定的各类风险。

七、请各高级法院、解放军军事法院，新疆维吾尔自治区高级人民法院生产建设兵团分院对本辖区、本系统各级法院今年上半年立案的破产案件数量和破产审判庭设置情况进行统计汇总，于2016年8月20日之前报最高人民法院民二庭。

各级人民法院对本通知执行中发现的新情况、新问题，应逐级报最高人民法院。

特此通知。

最高人民法院关于审理企业破产案件指定管理人的规定

(2007年4月4日最高人民法院审判委员会第1422次会议通过 2007年4月12日最高人民法院公告公布 自2007年6月1日起施行 法释〔2007〕8号)

为公平、公正审理企业破产案件，保证破产审判工作依法顺利进行，促进管理人制度的完善和发展，根据《中华人民共和国企业破产法》的规定，制定本规定。

一、管理人名册的编制

第一条 人民法院审理企业破产案件应当指定管理人。除企业破产法和本规定另有规定外，管理人应当从管理人名册中指定。

第二条 高级人民法院应当根据本辖区律师事务所、会计师事务所、破产清算事务所等社会中介机构及专职从业人员数量和企业破产案件数量，确定由本院或者所辖中级人民法院编制管理人名册。

人民法院应当分别编制社会中介机构管理人名册和个人管理人名册。由直辖市以外的高级人民法院编制的管理人名册中，应当注明社会中介机构和个人所属中级人民法院辖区。

第三条 符合企业破产法规定条件的社会中介机构及其具备相关专业知识并取得执业资格的人员，均可申请编入管理人名册。已被编入机构管理人名册的社会中介机构中，具备相关专业知识并取得执业资格的人员，可以申请编入个人管理人名册。

第四条 社会中介机构及个人申请编入管理人名册的，应当向所在地区编制管理人名册的人民法院提出，由该人民法院予以审定。

人民法院不受理异地申请，但异地社会中介机构在本辖区内设立的分支机构提出申请的除外。

第五条 人民法院应当通过本辖区有影响的媒体就编制管理人名册的有关事项进行公告。公告应当包括以下内容：

（一）管理人申报条件；

（二）应当提交的材料；

（三）评定标准、程序；

（四）管理人的职责以及相应的法律责任；

（五）提交申报材料的截止时间；

（六）人民法院认为应当公告的其他事项。

第六条 律师事务所、会计师事务所申请编入管理人名册的，应当提供下列材料：

（一）执业证书、依法批准设立文件或者营业执照；

（二）章程；

（三）本单位专职从业人员名单及其执业资格证书复印件；

（四）业务和业绩材料；

（五）行业自律组织对所提供材料真实性以及有无被行政处罚或者纪律处分情况的证明；

（六）人民法院要求的其他材料。

第七条 破产清算事务所申请编入管理人名册的，应当提供以下材料：

（一）营业执照或者依法批准设立的文件；

（二）本单位专职从业人员的法律或者注册会计师资格证书，或者经营管理经历的证明材料；

（三）业务和业绩材料；

（四）能够独立承担民事责任的证明材料；

（五）行业自律组织对所提供材料真实性以及有无被行政处罚或者纪律处分情况的证明，或者申请人就上述情况所作的真实性声明；

（六）人民法院要求的其他材料。

第八条 个人申请编入管理人名册的，应当提供下列材料：

（一）律师或者注册会计师执业证书复印件以及执业年限证明；

（二）所在社会中介机构同意其担任管理人的函件；

（三）业务专长及相关业绩材料；

（四）执业责任保险证明；

（五）行业自律组织对所提供材料真实性以及有无被行政处罚或者纪律处分情况的证明；

（六）人民法院要求的其他材料。

第九条 社会中介机构及个人具有下列情形之一的，人民法院可以适用企业破产法第二十四条第三款第四项的规定：

（一）因执业、经营中故意或者重大过失行为，受到行政机关、监管机构或者行业自律组织行政处罚或者纪律处分之日起未逾三年；

(二) 因涉嫌违法行为正被相关部门调查；

(三) 因不适当履行职务或者拒绝接受人民法院指定等原因,被人民法院从管理人名册除名之日起未逾三年；

(四) 缺乏担任管理人所应具备的专业能力；

(五) 缺乏承担民事责任的能力；

(六) 人民法院认为可能影响履行管理人职责的其他情形。

第十条 编制管理人名册的人民法院应当组成专门的评审委员会,决定编入管理人名册的社会中介机构和个人名单。评审委员会成员应不少于七人。

人民法院应当根据本辖区社会中介机构以及社会中介机构中个人的实际情况,结合其执业业绩、能力、专业水准、社会中介机构的规模、办理企业破产案件的经验等因素制定管理人评定标准,由评审委员会根据申报人的具体情况评定其综合分数。

人民法院根据评审委员会评审结果,确定管理人初审名册。

第十一条 人民法院应当将管理人初审名册通过本辖区有影响的媒体进行公示,公示期为十日。

对于针对编入初审名册的社会中介机构和个人提出的异议,人民法院应当进行审查。异议成立、申请人确不宜担任管理人的,人民法院应将该社会中介机构或者个人从管理人初审名册中删除。

第十二条 公示期满后,人民法院应审定管理人名册,并通过全国有影响的媒体公布,同时逐级报最高人民法院备案。

第十三条 人民法院可以根据本辖区的实际情况,分批确定编入管理人名册的社会中介机构及个人。

编制管理人名册的全部资料应当建立档案备查。

第十四条 人民法院可以根据企业破产案件受理情况、管理人履行职务以及管理人资格变化等因素,对管理人名册适时进行调整。新编入管理人名册的社会中介机构和个人应当按照本规定的程序办理。

人民法院发现社会中介机构或者个人有企业破产法第二十四条第三款规定情形的，应当将其从管理人名册中除名。

二、管理人的指定

第十五条 受理企业破产案件的人民法院指定管理人，一般应从本地管理人名册中指定。

对于商业银行、证券公司、保险公司等金融机构以及在全国范围内有重大影响、法律关系复杂、债务人财产分散的企业破产案件，人民法院可以从所在地区高级人民法院编制的管理人名册列明的其他地区管理人或者异地人民法院编制的管理人名册中指定管理人。

第十六条 受理企业破产案件的人民法院，一般应指定管理人名册中的社会中介机构担任管理人。

第十七条 对于事实清楚、债权债务关系简单、债务人财产相对集中的企业破产案件，人民法院可以指定管理人名册中的个人为管理人。

第十八条 企业破产案件有下列情形之一的，人民法院可以指定清算组为管理人：

（一）破产申请受理前，根据有关规定已经成立清算组，人民法院认为符合本规定第十九条的规定；

（二）审理企业破产法第一百三十三条规定的案件；

（三）有关法律规定企业破产时成立清算组；

（四）人民法院认为可以指定清算组为管理人的其他情形。

第十九条 清算组为管理人的，人民法院可以从政府有关部门、编入管理人名册的社会中介机构、金融资产管理公司中指定清算组成员，人民银行及金融监督管理机构可以按照有关法律和行政法规的规定派人参加清算组。

第二十条 人民法院一般应当按照管理人名册所列名单采取

轮候、抽签、摇号等随机方式公开指定管理人。

第二十一条 对于商业银行、证券公司、保险公司等金融机构或者在全国范围有重大影响、法律关系复杂、债务人财产分散的企业破产案件，人民法院可以采取公告的方式，邀请编入各地人民法院管理人名册中的社会中介机构参与竞争，从参与竞争的社会中介机构中指定管理人。参与竞争的社会中介机构不得少于三家。

采取竞争方式指定管理人的，人民法院应当组成专门的评审委员会。

评审委员会应当结合案件的特点，综合考量社会中介机构的专业水准、经验、机构规模、初步报价等因素，从参与竞争的社会中介机构中择优指定管理人。被指定为管理人的社会中介机构应经评审委员会成员二分之一以上通过。

采取竞争方式指定管理人的，人民法院应当确定一至两名备选社会中介机构，作为需要更换管理人时的接替人选。

第二十二条 对于经过行政清理、清算的商业银行、证券公司、保险公司等金融机构的破产案件，人民法院除可以按照本规定第十八条第一项的规定指定管理人外，也可以在金融监督管理机构推荐的已编入管理人名册的社会中介机构中指定管理人。

第二十三条 社会中介机构、清算组成员有下列情形之一，可能影响其忠实履行管理人职责的，人民法院可以认定为企业破产法第二十四条第三款第三项规定的利害关系：

（一）与债务人、债权人有未了结的债权债务关系；

（二）在人民法院受理破产申请前三年内，曾为债务人提供相对固定的中介服务；

（三）现在是或者在人民法院受理破产申请前三年内曾经是债务人、债权人的控股股东或者实际控制人；

（四）现在担任或者在人民法院受理破产申请前三年内曾经担任债务人、债权人的财务顾问、法律顾问；

（五）人民法院认为可能影响其忠实履行管理人职责的其他情形。

第二十四条 清算组成员的派出人员、社会中介机构的派出人员、个人管理人有下列情形之一，可能影响其忠实履行管理人职责的，可以认定为企业破产法第二十四条第三款第三项规定的利害关系：

（一）具有本规定第二十三条规定情形；

（二）现在担任或者在人民法院受理破产申请前三年内曾经担任债务人、债权人的董事、监事、高级管理人员；

（三）与债权人或者债务人的控股股东、董事、监事、高级管理人员存在夫妻、直系血亲、三代以内旁系血亲或者近姻亲关系；

（四）人民法院认为可能影响其公正履行管理人职责的其他情形。

第二十五条 在进入指定管理人程序后，社会中介机构或者个人发现与本案有利害关系的，应主动申请回避并向人民法院书面说明情况。人民法院认为社会中介机构或者个人与本案有利害关系的，不应指定该社会中介机构或者个人为本案管理人。

第二十六条 社会中介机构或者个人有重大债务纠纷或者因涉嫌违法行为正被相关部门调查的，人民法院不应指定该社会中介机构或者个人为本案管理人。

第二十七条 人民法院指定管理人应当制作决定书，并向被指定为管理人的社会中介机构或者个人、破产申请人、债务人、债务人的企业登记机关送达。决定书应与受理破产申请的民事裁定书一并公告。

第二十八条 管理人无正当理由，不得拒绝人民法院的指定。

管理人一经指定，不得以任何形式将管理人应当履行的职责全部或者部分转给其他社会中介机构或者个人。

第二十九条 管理人凭指定管理人决定书按照国家有关规定刻制管理人印章,并交人民法院封样备案后启用。

管理人印章只能用于所涉破产事务。管理人根据企业破产法第一百二十二条规定终止执行职务后,应当将管理人印章交公安机关销毁,并将销毁的证明送交人民法院。

第三十条 受理企业破产案件的人民法院应当将指定管理人过程中形成的材料存入企业破产案件卷宗,债权人会议或者债权人委员会有权查阅。

三、管理人的更换

第三十一条 债权人会议根据企业破产法第二十二条第二款的规定申请更换管理人的,应由债权人会议作出决议并向人民法院提出书面申请。

人民法院在收到债权人会议的申请后,应当通知管理人在两日内作出书面说明。

第三十二条 人民法院认为申请理由不成立的,应当自收到管理人书面说明之日起十日内作出驳回申请的决定。

人民法院认为申请更换管理人的理由成立的,应当自收到管理人书面说明之日起十日内作出更换管理人的决定。

第三十三条 社会中介机构管理人有下列情形之一的,人民法院可以根据债权人会议的申请或者依职权迳行决定更换管理人:

(一)执业许可证或者营业执照被吊销或者注销;

(二)出现解散、破产事由或者丧失承担执业责任风险的能力;

(三)与本案有利害关系;

(四)履行职务时,因故意或者重大过失导致债权人利益受到损害;

（五）有本规定第二十六条规定的情形。

清算组成员参照适用前款规定。

第三十四条 个人管理人有下列情形之一的，人民法院可以根据债权人会议的申请或者依职权迳行决定更换管理人：

（一）执业资格被取消、吊销；

（二）与本案有利害关系；

（三）履行职务时，因故意或者重大过失导致债权人利益受到损害；

（四）失踪、死亡或者丧失民事行为能力；

（五）因健康原因无法履行职务；

（六）执业责任保险失效；

（七）有本规定第二十六条规定的情形。

清算组成员的派出人员、社会中介机构的派出人员参照适用前款规定。

第三十五条 管理人无正当理由申请辞去职务的，人民法院不予许可。正当理由的认定，可参照适用本规定第三十三条、第三十四条规定的情形。

第三十六条 人民法院对管理人申请辞去职务未予许可，管理人仍坚持辞去职务并不再履行管理人职责的，人民法院应当决定更换管理人。

第三十七条 人民法院决定更换管理人的，原管理人应当自收到决定书之次日起，在人民法院监督下向新任管理人移交全部资料、财产、营业事务及管理人印章，并及时向新任管理人书面说明工作进展情况。原管理人不能履行上述职责的，新任管理人可以直接接管相关事务。

在破产程序终结前，原管理人应当随时接受新任管理人、债权人会议、人民法院关于其履行管理人职责情况的询问。

第三十八条 人民法院决定更换管理人的，应将决定书送达原管理人、新任管理人、破产申请人、债务人以及债务人的企业登记机关，并予公告。

第三十九条 管理人申请辞去职务未获人民法院许可，但仍坚持辞职并不再履行管理人职责，或者人民法院决定更换管理人后，原管理人拒不向新任管理人移交相关事务，人民法院可以根据企业破产法第一百三十条的规定和具体情况，决定对管理人罚款。对社会中介机构为管理人的罚款5万元至20万元人民币，对个人为管理人的罚款1万元至5万元人民币。

管理人有前款规定行为或者无正当理由拒绝人民法院指定的，编制管理人名册的人民法院可以决定停止其担任管理人一年至三年，或者将其从管理人名册中除名。

第四十条 管理人不服罚款决定的，可以向上一级人民法院申请复议，上级人民法院应在收到复议申请后五日内作出决定，并将复议结果通知下级人民法院和当事人。

最高人民法院关于审理企业破产案件确定管理人报酬的规定

（2007年4月4日最高人民法院审判委员会第1422次会议通过 2007年4月12日最高人民法院公告公布 自2007年6月1日起施行 法释〔2007〕9号）

为公正、高效审理企业破产案件，规范人民法院确定管理人报酬工作，根据《中华人民共和国企业破产法》的规定，制定本规定。

第一条 管理人履行企业破产法第二十五条规定的职责，有权获得相应报酬。

管理人报酬由审理企业破产案件的人民法院依据本规定确定。

第二条 人民法院应根据债务人最终清偿的财产价值总额，

在以下比例限制范围内分段确定管理人报酬：

（一）不超过一百万元（含本数，下同）的，在12%以下确定；

（二）超过一百万元至五百万元的部分，在10%以下确定；

（三）超过五百万元至一千万元的部分，在8%以下确定；

（四）超过一千万元至五千万元的部分，在6%以下确定；

（五）超过五千万元至一亿元的部分，在3%以下确定；

（六）超过一亿元至五亿元的部分，在1%以下确定；

（七）超过五亿元的部分，在0.5%以下确定。

担保权人优先受偿的担保物价值，不计入前款规定的财产价值总额。

高级人民法院认为有必要的，可以参照上述比例在30%的浮动范围内制定符合当地实际情况的管理人报酬比例限制范围，并通过当地有影响的媒体公告，同时报最高人民法院备案。

第三条　人民法院可以根据破产案件的实际情况，确定管理人分期或者最后一次性收取报酬。

第四条　人民法院受理企业破产申请后，应当对债务人可供清偿的财产价值和管理人的工作量作出预测，初步确定管理人报酬方案。管理人报酬方案应当包括管理人报酬比例和收取时间。

第五条　人民法院采取公开竞争方式指定管理人的，可以根据社会中介机构提出的报价确定管理人报酬方案，但报酬比例不得超出本规定第二条规定的限制范围。

上述报酬方案一般不予调整，但债权人会议异议成立的除外。

第六条　人民法院应当自确定管理人报酬方案之日起三日内，书面通知管理人。

管理人应当在第一次债权人会议上报告管理人报酬方案内容。

第七条　管理人、债权人会议对管理人报酬方案有意见的，可以进行协商。双方就调整管理人报酬方案内容协商一致的，管理人应向人民法院书面提出具体的请求和理由，并附相应的债权人会议决议。

人民法院经审查认为上述请求和理由不违反法律和行政法规强制性规定，且不损害他人合法权益的，应当按照双方协商的结果调整管理人报酬方案。

第八条 人民法院确定管理人报酬方案后，可以根据破产案件和管理人履行职责的实际情况进行调整。

人民法院应当自调整管理人报酬方案之日起三日内，书面通知管理人。管理人应当自收到上述通知之日起三日内，向债权人委员会或者债权人会议主席报告管理人报酬方案调整内容。

第九条 人民法院确定或者调整管理人报酬方案时，应当考虑以下因素：

（一）破产案件的复杂性；

（二）管理人的勤勉程度；

（三）管理人为重整、和解工作做出的实际贡献；

（四）管理人承担的风险和责任；

（五）债务人住所地居民可支配收入及物价水平；

（六）其他影响管理人报酬的情况。

第十条 最终确定的管理人报酬及收取情况，应列入破产财产分配方案。在和解、重整程序中，管理人报酬方案内容应列入和解协议草案或重整计划草案。

第十一条 管理人收取报酬，应当向人民法院提出书面申请。申请书应当包括以下内容：

（一）可供支付报酬的债务人财产情况；

（二）申请收取报酬的时间和数额；

（三）管理人履行职责的情况。

人民法院应当自收到上述申请书之日起十日内，确定支付管理人的报酬数额。

第十二条 管理人报酬从债务人财产中优先支付。

债务人财产不足以支付管理人报酬和管理人执行职务费用的,管理人应当提请人民法院终结破产程序。但债权人、管理人、债务人的出资人或者其他利害关系人愿意垫付上述报酬和费用的,破产程序可以继续进行。

上述垫付款项作为破产费用从债务人财产中向垫付人随时清偿。

第十三条 管理人对担保物的维护、变现、交付等管理工作付出合理劳动的,有权向担保权人收取适当的报酬。管理人与担保权人就上述报酬数额不能协商一致的,人民法院应当参照本规定第二条规定的方法确定,但报酬比例不得超出该条规定限制范围的10%。

第十四条 律师事务所、会计师事务所通过聘请本专业的其他社会中介机构或者人员协助履行管理人职责的,所需费用从其报酬中支付。

破产清算事务所通过聘请其他社会中介机构或者人员协助履行管理人职责的,所需费用从其报酬中支付。

第十五条 清算组中有关政府部门派出的工作人员参与工作的不收取报酬。其他机构或人员的报酬根据其履行职责的情况确定。

第十六条 管理人发生更换的,人民法院应当分别确定更换前后的管理人报酬。其报酬比例总和不得超出本规定第二条规定的限制范围。

第十七条 债权人会议对管理人报酬有异议的,应当向人民法院书面提出具体的请求和理由。异议书应当附有相应的债权人会议决议。

第十八条 人民法院应当自收到债权人会议异议书之日起三日内通知管理人。管理人应当自收到通知之日起三日内作出书面说明。

人民法院认为有必要的，可以举行听证会，听取当事人意见。

人民法院应当自收到债权人会议异议书之日起十日内，就是否调整管理人报酬问题书面通知管理人、债权人委员会或者债权人会议主席。

最高人民法院关于破产企业国有划拨土地使用权应否列入破产财产等问题的批复

（2002年10月11日最高人民法院审判委员会第1245次会议通过 根据2020年12月23日最高人民法院审判委员会第1823次会议通过的《最高人民法院关于修改〈最高人民法院关于破产企业国有划拨土地使用权应否列入破产财产等问题的批复〉等二十九件商事类司法解释的决定》修正 2020年12月29日最高人民法院公告公布）

湖北省高级人民法院：

你院鄂高法〔2002〕158号《关于破产企业国有划拨土地使用权应否列入破产财产以及有关抵押效力认定等问题的请示》收悉。经研究，答复如下：

一、根据《中华人民共和国土地管理法》第五十八条第一款第（三）项及《城镇国有土地使用权出让和转让暂行条例》第四十七条的规定，破产企业以划拨方式取得的国有土地使用权不属于破产财产，在企业破产时，有关人民政府可以予以收回，并依法处置。纳入国家兼并破产计划的国有企业，其依法取得的国有土地使用权，应依据国务院有关文件规定办理。

二、企业对其以划拨方式取得的国有土地使用权无处分权，以该土地使用权设定抵押，未经有审批权限的人民政府或土地行政管理部门批准的，不影响抵押合同效力；履行了法定的审批手续，并依法办理抵押登记的，抵押权自登记时设立。根据《中华人民共和国城市房地产管理法》第五十一条的规定，抵押权人只有在以抵押标的物折价或拍卖、变卖所得价款缴纳相当于土地使用权出让金的款项后，对剩余部分方可享有优先受偿权。但纳入国家兼并破产计划的国有企业，其用以划拨方式取得的国有土地使用权设定抵押的，应依据国务院有关文件规定办理。

三、国有企业以关键设备、成套设备、建筑物设定抵押的，如无其他法定的无效情形，不应当仅以未经政府主管部门批准为由认定抵押合同无效。

本批复自公布之日起施行，正在审理或者尚未审理的案件，适用本批复，但对提起再审的判决、裁定已经发生法律效力的案件除外。

此复。

最高人民法院关于审理企业破产案件若干问题的规定

（2002年7月18日最高人民法院审判委员会第1232次会议通过 2002年7月30日最高人民法院公告公布 自2002年9月1日起施行 法释〔2002〕23号）

为正确适用《中华人民共和国企业破产法（试行）》（以下简称企业破产法）、《中华人民共和国民事诉讼法》（以下简称民事诉讼法），规范对企业破产案件的审理，结合人民法院审理企业破产案件的实际情况，特制定以下规定。

一、关于企业破产案件管辖

第一条 企业破产案件由债务人住所地人民法院管辖。债务人住所地指债务人的主要办事机构所在地。债务人无办事机构的,由其注册地人民法院管辖。

第二条 基层人民法院一般管辖县、县级市或者区的工商行政管理机关核准登记企业的破产案件;

中级人民法院一般管辖地区、地级市（含本级）以上的工商行政管理机关核准登记企业的破产案件;

纳入国家计划调整的企业破产案件,由中级人民法院管辖。

第三条 上级人民法院审理下级人民法院管辖的企业破产案件,或者将本院管辖的企业破产案件移交下级人民法院审理,以及下级人民法院需要将自己管辖的企业破产案件交由上级人民法院审理的,依照民事诉讼法第三十九条的规定办理;省、自治区、直辖市范围内因特殊情况需对个别企业破产案件的地域管辖作调整的,须经共同上级人民法院批准。

二、关于破产申请与受理

第四条 申请（被申请）破产的债务人应当具备法人资格,不具备法人资格的企业、个体工商户、合伙组织、农村承包经营户不具备破产主体资格。

第五条 国有企业向人民法院申请破产时,应当提交其上级主管部门同意其破产的文件;其他企业应当提供其开办人或者股东会议决定企业破产的文件。

第六条 债务人申请破产,应当向人民法院提交下列材料:

（一）书面破产申请;

（二）企业主体资格证明;

（三）企业法定代表人与主要负责人名单；

（四）企业职工情况和安置预案；

（五）企业亏损情况的书面说明，并附审计报告；

（六）企业至破产申请日的资产状况明细表，包括有形资产、无形资产和企业投资情况等；

（七）企业在金融机构开设账户的详细情况，包括开户审批材料、账号、资金等；

（八）企业债权情况表，列明企业的债务人名称、住所、债务数额、发生时间和催讨偿还情况；

（九）企业债务情况表，列明企业的债权人名称、住所、债权数额、发生时间；

（十）企业涉及的担保情况；

（十一）企业已发生的诉讼情况；

（十二）人民法院认为应当提交的其他材料。

第七条　债权人申请债务人破产，应当向人民法院提交下列材料：

（一）债权发生的事实与证据；

（二）债权性质、数额、有无担保，并附证据；

（三）债务人不能清偿到期债务的证据。

第八条　债权人申请债务人破产，人民法院可以通知债务人核对以下情况：

（一）债权的真实性；

（二）债权在债务人不能偿还的到期债务中所占的比例；

（三）债务人是否存在不能清偿到期债务的情况。

第九条　债权人申请债务人破产，债务人对债权人的债权提出异议，人民法院认为异议成立的，应当告知债权人先行提起民事诉讼。破产申请不予受理。

第十条　人民法院收到破产申请后，应当在7日内决定是否立案；破产申请人提交的材料需要更正、补充的，人民法院可以责令申请人限期更正、补充。按期更正、补充材料的，人民法院自收到更正补充材料之日起7日内决定是否立案；未按期更正、补充的，视为撤回申请。

人民法院决定受理企业破产案件的，应当制作案件受理通知书，并送达申请人和债务人。通知书作出时间为破产案件受理时间。

第十一条 在人民法院决定受理企业破产案件前，破产申请人可以请求撤回破产申请。

人民法院准许申请人撤回破产申请的，在撤回破产申请之前已经支出的费用由破产申请人承担。

第十二条 人民法院经审查发现有下列情况的，破产申请不予受理：

（一）债务人有隐匿、转移财产等行为，为了逃避债务而申请破产的；

（二）债权人借破产申请毁损债务人商业信誉，意图损害公平竞争的。

第十三条 人民法院对破产申请不予受理的，应当作出裁定。

破产申请人对不予受理破产申请的裁定不服的，可以在裁定送达之日起10日内向上一级人民法院提起上诉。

第十四条 人民法院受理企业破产案件后，发现不符合法律规定的受理条件或者有本规定第十二条所列情形的，应当裁定驳回破产申请。

人民法院受理债务人的破产申请后，发现债务人巨额财产下落不明且不能合理解释财产去向的，应当裁定驳回破产申请。

破产申请人对驳回破产申请的裁定不服的，可以在裁定送达之日起10日内向上一级人民法院提起上诉。

第十五条 人民法院决定受理企业破产案件后，应当组成合议庭，并在10日内完成下列工作：

（一）将合议庭组成人员情况书面通知破产申请人和被申请人，并在法院公告栏张贴企业破产受理公告。公告内容应当写明：破产申请受理时间、债务人名称，申报债权的期限、地点和逾期未申报债权的法律后果、第一次债权人会议召开的日期、地点；

（二）在债务人企业发布公告，要求保护好企业财产，不得擅自处理企业的账册、文书、资料、印章，不得隐匿、私分、转让、出售企业财产；

（三）通知债务人立即停止清偿债务，非经人民法院许可不得支付任何费用；

（四）通知债务人的开户银行停止债务人的结算活动，并不得扣划债务人款项抵扣债务。但经人民法院依法许可的除外。

第十六条 人民法院受理债权人提出的企业破产案件后，应当通知债务人在15日内向人民法院提交有关会计报表、债权债务清册、企业资产清册以及人民法院认为应当提交的资料。

第十七条 人民法院受理企业破产案件后，除应当按照企业破产法第九条的规定通知已知的债权人外，还应当于30日内在国家、地方有影响的报纸上刊登公告，公告内容同第十五条第（一）项的规定。

第十八条 人民法院受理企业破产案件后，除可以随即进行破产宣告成立清算组的外，在企业原管理组织不能正常履行管理职责的情况下，可以成立企业监管组。企业监管组成员从企业上级主管部门或者股东会议代表、企业原管理人员、主要债权人中产生，也可以聘请会计师、律师等中介机构参加。企业监管组主要负责处理以下事务：

（一）清点、保管企业财产；

（二）核查企业债权；

（三）为企业利益而进行的必要的经营活动；

（四）支付人民法院许可的必要支出；

（五）人民法院许可的其他工作。

企业监管组向人民法院负责，接受人民法院的指导、监督。

第十九条　人民法院受理企业破产案件后，以债务人为原告的其他民事纠纷案件尚在一审程序的，受诉人民法院应当将案件移送受理破产案件的人民法院；案件已进行到二审程序的，受诉人民法院应当继续审理。

第二十条　人民法院受理企业破产案件后，对债务人财产的其他民事执行程序应当中止。

以债务人为被告的其他债务纠纷案件，根据下列不同情况分别处理：

（一）已经审结但未执行完毕的，应当中止执行，由债权人凭生效的法律文书向受理破产案件的人民法院申报债权。

（二）尚未审结且无其他被告和无独立请求权的第三人的，应当中止诉讼，由债权人向受理破产案件的人民法院申报债权。在企业被宣告破产后，终结诉讼。

（三）尚未审结并有其他被告或者无独立请求权的第三人的，应当中止诉讼，由债权人向受理破产案件的人民法院申报债权。待破产程序终结后，恢复审理。

（四）债务人系从债务人的债务纠纷案件继续审理。

三、关于债权申报

第二十一条　债权人申报债权应当提交债权证明和合法有效的身份证明；代理申报人应当提交委托人的有效身份证明、授权委托书和债权证明。

申报的债权有财产担保的，应当提交证明财产担保的证据。

第二十二条　人民法院在登记申报的债权时，应当记明债权人名称、住所、开户银行、申报债权数额、申报债权的证据、财产担保情况、申报时间、联系方式以及其他必要的情况。

已经成立清算组的，由清算组进行上述债权登记工作。

第二十三条　连带债务人之一或者数人破产的，债权人可就全部债权向该债务人或者各债务人行使权利，申报债权。债权人未申报债权的，其他连带债务人可就将来可能承担的债务申报债权。

第二十四条　债权人虽未在法定期间申报债权，但有民事诉讼法第七十六条规定情形的，在破产财产分配前可向清算组申报债权。清算组负责审查其申报的债权，并由人民法院审查确定。债权人会议对人民法院同意该债权人参加破产财产分配有异议的，可以向人民法院申请复议。

四、关于破产和解与破产企业整顿

第二十五条　人民法院受理企业破产案件后，在破产程序终结前，债务人可以向人民法院申请和解。人民法院在破产案件审理过程中，可以根据债权人、债务人具体情况向双方提出和解建议。

人民法院作出破产宣告裁定前，债权人会议与债务人达成和解协议并经人民法院裁定认可的，由人民法院发布公告，中止破产程序。

人民法院作出破产宣告裁定后，债权人会议与债务人达成和解协议并经人民法院裁定认可，由人民法院裁定中止执行破产宣告裁定，并公告中止破产程序。

第二十六条　债务人不按和解协议规定的内容清偿全部债务的，相关债权人可以申请人民法院强制执行。

第二十七条　债务人不履行或者不能履行和解协议的，经债权人申请，人民法院应当裁定恢复破产程序。和解协议系在破产宣告前达成的，人民法院应当在裁定恢复破产程序的同时裁定宣告债务人破产。

第二十八条　企业由债权人申请破产的,如被申请破产的企业系国有企业,依照企业破产法第四章的规定,其上级主管部门可以申请对该企业进行整顿。整顿申请应当在债务人被宣告破产前提出。

企业无上级主管部门的,企业股东会议可以通过决议并以股东会议名义申请对企业进行整顿。整顿工作由股东会议指定人员负责。

第二十九条　企业整顿期间,企业的上级主管部门或者负责实施整顿方案的人员应当定期向债权人会议和人民法院报告整顿情况、和解协议执行情况。

第三十条　企业整顿期间,对于债务人财产的执行仍适用企业破产法第十一条的规定。

五、关于破产宣告

第三十一条　企业破产法第三条第一款规定的"不能清偿到期债务"是指:

(一)债务的履行期限已届满;

(二)债务人明显缺乏清偿债务的能力。

债务人停止清偿到期债务并呈连续状态,如无相反证据,可推定为"不能清偿到期债务"。

第三十二条　人民法院受理债务人破产案件后,有下列情形之一的,应当裁定宣告债务人破产:

(一)债务人不能清偿债务且与债权人不能达成和解协议的;

(二)债务人不履行或者不能履行和解协议的;

(三)债务人在整顿期间有企业破产法第二十一条规定情形的;

(四)债务人在整顿期满后有企业破产法第二十二条第二款规定情形的。

宣告债务人破产应当公开进行。由债权人提出破产申请的，破产宣告时应当通知债务人到庭。

第三十三条　债务人自破产宣告之日起停止生产经营活动。为债权人利益确有必要继续生产经营的，须经人民法院许可。

第三十四条　人民法院宣告债务人破产后，应当通知债务人的开户银行，限定其银行账户只能由清算组使用。人民法院通知开户银行时应当附破产宣告裁定书。

第三十五条　人民法院裁定宣告债务人破产后应当发布公告，公告内容包括债务人亏损情况、资产负债状况、破产宣告时间、破产宣告理由和法律依据以及对债务人的财产、账册、文书、资料和印章的保护等内容。

第三十六条　破产宣告后，破产企业的财产在其他民事诉讼程序中被查封、扣押、冻结的，受理破产案件的人民法院应当立即通知采取查封、扣押、冻结措施的人民法院予以解除，并向受理破产案件的人民法院办理移交手续。

第三十七条　企业被宣告破产后，人民法院应当指定必要的留守人员。破产企业的法定代表人、财会、财产保管人员必须留守。

第三十八条　破产宣告后，债权人或者债务人对破产宣告有异议的，可以在人民法院宣告企业破产之日起10日内，向上一级人民法院申诉。上一级人民法院应当组成合议庭进行审理，并在30日内作出裁定。

六、关于债权人会议

第三十九条　债权人会议由申报债权的债权人组成。

债权人会议主席由人民法院在有表决权的债权人中指定。必要时，人民法院可以指定多名债权人会议主席，成立债权人会议主席委员会。

少数债权人拒绝参加债权人会议,不影响会议的召开。但债权人会议不得作出剥夺其对破产财产受偿的机会或者不利于其受偿的决议。

第四十条 第一次债权人会议应当在人民法院受理破产案件公告3个月期满后召开。除债务人的财产不足以支付破产费用,破产程序提前终结外,不得以一般债权的清偿率为零为理由取消债权人会议。

第四十一条 第一次债权人会议由人民法院召集并主持。人民法院除完成本规定第十七条确定的工作外,还应当做好以下准备工作:

(一)拟订第一次债权人会议议程;

(二)向债务人的法定代表人或者负责人发出通知,要求其必须到会;

(三)向债务人的上级主管部门、开办人或者股东会议代表发出通知,要求其派员列席会议;

(四)通知破产清算组成员列席会议;

(五)通知审计、评估人员参加会议;

(六)需要提前准备的其他工作。

第四十二条 债权人会议一般包括以下内容:

(一)宣布债权人会议职权和其他有关事项;

(二)宣布债权人资格审查结果;

(三)指定并宣布债权人会议主席;

(四)安排债务人法定代表人或者负责人接受债权人询问;

(五)由清算组通报债务人的生产经营、财产、债务情况并作清算工作报告和提出财产处理方案及分配方案;

(六)讨论并审查债权的证明材料、债权的财产担保情况及数额、讨论通过和解协议、审阅清算组的清算报告、讨论通过破产财产的处理方案与分配方案等。讨论内容应当记明笔录。债权人对人民法院或者清算组登记的债权提出异议的,人民法院应当及时审查并作出裁定；

（七）根据讨论情况，依照企业破产法第十六条的规定进行表决。

以上第（五）至（七）项议程内的工作在本次债权人会议上无法完成的，交由下次债权人会议继续进行。

第四十三条 债权人认为债权人会议决议违反法律规定或者侵害其合法权益的，可以在债权人会议作出决议后7日内向人民法院提出，由人民法院依法裁定。

第四十四条 清算组财产分配方案经债权人会议两次讨论未获通过的，由人民法院依法裁定。

对前款裁定，占无财产担保债权总额半数以上债权的债权人有异议的，可以在人民法院作出裁定之日起10日内向上一级人民法院申诉。上一级人民法院应当组成合议庭进行审理，并在30日内作出裁定。

第四十五条 债权人可以委托代理人出席债权人会议，并可以授权代理人行使表决权。代理人应当向人民法院或者债权人会议主席提交授权委托书。

第四十六条 第一次债权人会议后又召开债权人会议的，债权人会议主席应当在发出会议通知前3日报告人民法院，并由会议召集人在开会前15日将会议时间、地点、内容、目的等事项通知债权人。

七、关于清算组

第四十七条 人民法院应当自裁定宣告企业破产之日起15日内成立清算组。

第四十八条 清算组成员可以从破产企业上级主管部门、清算中介机构以及会计、律师中产生，也可以从政府财政、工商管理、计委、经委、审计、税务、物价、劳动、社会保险、土地管理、国有资产管理、人事等部门中指定。人民银行分（支）行可以按照有关规定派人参加清算组。

第四十九条 清算组经人民法院同意可以聘请破产清算机构、律师事务所、会计事务所等中介机构承担一定的破产清算工作。中介机构就清算工作向清算组负责。

第五十条 清算组的主要职责是：

（一）接管破产企业。向破产企业原法定代表人及留守人员接收原登记造册的资产明细表、有形资产清册，接管所有财产、账册、文书档案、印章、证照和有关资料。破产宣告前成立企业监管组的，由企业监管组和企业原法定代表人向清算组进行移交；

（二）清理破产企业财产，编制财产明细表和资产负债表，编制债权债务清册，组织破产财产的评估、拍卖、变现；

（三）回收破产企业的财产，向破产企业的债务人、财产持有人依法行使财产权利；

（四）管理、处分破产财产，决定是否履行合同和在清算范围内进行经营活动。确认别除权、抵销权、取回权；

（五）进行破产财产的委托评估、拍卖及其他变现工作；

（六）依法提出并执行破产财产处理和分配方案；

（七）提交清算报告；

（八）代表破产企业参加诉讼和仲裁活动；

（九）办理企业注销登记等破产终结事宜；

（十）完成人民法院依法指定的其他事项。

第五十一条 清算组对人民法院负责并且报告工作，接受人民法院的监督。人民法院应当及时指导清算组的工作，明确清算组的职权与责任，帮助清算组拟订工作计划，听取清算组汇报工作。

清算组有损害债权人利益的行为或者其他违法行为的，人民法院可以根据债权人的申请或者依职权予以纠正。

人民法院可以根据债权人的申请或者依职权更换不称职的清算组成员。

第五十二条 清算组应当列席债权人会议，接受债权人会议的询问。债权人有权查阅有关资料、询问有关事项；清算组的决定违背债权人利益的，债权人可以申请人民法院裁定撤销该决定。

第五十三条 清算组对破产财产应当及时登记、清理、审计、评估、变价。必要时，可以请求人民法院对破产企业财产进行保全。

第五十四条 清算组应当采取有效措施保护破产企业的财产。债务人的财产权利如不依法登记或者及时行使将丧失权利的，应当及时予以登记或者行使；对易损、易腐、跌价或者保管费用较高的财产应当及时变卖。

八、关于破产债权

第五十五条 下列债权属于破产债权：

（一）破产宣告前发生的无财产担保的债权；

（二）破产宣告前发生的虽有财产担保但是债权人放弃优先受偿的债权；

（三）破产宣告前发生的虽有财产担保但是债权数额超过担保物价值部分的债权；

（四）票据出票人被宣告破产，付款人或者承兑人不知其事实而向持票人付款或者承兑所产生的债权；

（五）清算组解除合同，对方当事人依法或者依照合同约定产生的对债务人可以用货币计算的债权；

（六）债务人的受托人在债务人破产后，为债务人的利益处理委托事务所发生的债权；

（七）债务人发行债券形成的债权；

（八）债务人的保证人代替债务人清偿债务后依法可以向债务人追偿的债权；

（九）债务人的保证人按照《中华人民共和国担保法》第三十二条的规定预先行使追偿权而申报的债权；

（十）债务人为保证人的，在破产宣告前已经被生效的法律文书确定承担的保证责任；

（十一）债务人在破产宣告前因侵权、违约给他人造成财产损失而产生的赔偿责任；

（十二）人民法院认可的其他债权。以上第（五）项债权以实际损失为计算原则。违约金不作为破产债权，定金不再适用定金罚则。

第五十六条 因企业破产解除劳动合同，劳动者依法或者依据劳动合同对企业享有的补偿金请求权，参照企业破产法第三十七条第二款第（一）项规定的顺序清偿。

第五十七条 债务人所欠非正式职工（含短期劳动工）的劳动报酬，参照企业破产法第三十七条第二款第（一）项规定的顺序清偿。

第五十八条 债务人所欠企业职工集资款，参照企业破产法第三十七条第二款第（一）项规定的顺序清偿。但对违反法律规定的高额利息部分不予保护。

职工向企业的投资，不属于破产债权。

第五十九条 债务人退出联营应当对该联营企业的债务承担责任的，联营企业的债权人对该债务人享有的债权属于破产债权。

第六十条 与债务人互负债权债务的债权人可以向清算组请求行使抵销权，抵销权的行使应当具备以下条件：

（一）债权人的债权已经得到确认；

（二）主张抵销的债权债务均发生在破产宣告之前。

经确认的破产债权可以转让。受让人以受让的债权抵销其所欠债务人债务的,人民法院不予支持。

第六十一条 下列债权不属于破产债权:

(一)行政、司法机关对破产企业的罚款、罚金以及其他有关费用;

(二)人民法院受理破产案件后债务人未支付应付款项的滞纳金,包括债务人未执行生效法律文书应当加倍支付的迟延利息和劳动保险金的滞纳金;

(三)破产宣告后的债务利息;

(四)债权人参加破产程序所支出的费用;

(五)破产企业的股权、股票持有人在股权、股票上的权利;

(六)破产财产分配开始后向清算组申报的债权;

(七)超过诉讼时效的债权;

(八)债务人开办单位对债务人未收取的管理费、承包费。

上述不属于破产债权的权利,人民法院或者清算组也应当对当事人的申报进行登记。

第六十二条 政府无偿拨付给债务人的资金不属于破产债权。但财政、扶贫、科技管理等行政部门通过签订合同,按有偿使用、定期归还原则发放的款项,可以作为破产债权。

第六十三条 债权人对清算组确认或者否认的债权有异议的,可以向清算组提出。债权人对清算组的处理仍有异议的,可以向人民法院提出。人民法院应当在查明事实的基础上依法作出裁决。

九、关于破产财产

第六十四条 破产财产由下列财产构成:

(一)债务人在破产宣告时所有的或者经营管理的全部财产;

(二)债务人在破产宣告后至破产程序终结前取得的财产;

(三)应当由债务人行使的其他财产权利。

第六十五条 债务人与他人共有的物、债权、知识产权等财产或者财产权,应当在破产清算中予以分割,债务人分割所得属于破产财产;不能分割的,应当就其应得部分转让,转让所得属于破产财产。

第六十六条 债务人的开办人注册资金投入不足的,应当由该开办人予以补足,补足部分属于破产财产。

第六十七条 企业破产前受让他人财产并依法取得所有权或者土地使用权的,即便未支付或者未完全支付对价,该财产仍属于破产财产。

第六十八条 债务人的财产被采取民事诉讼执行措施的,在受理破产案件后尚未执行的或者未执行完毕的剩余部分,在该企业被宣告破产后列入破产财产。因错误执行应当执行回转的财产,在执行回转后列入破产财产。

第六十九条 债务人依照法律规定取得代位求偿权的,依该代位求偿权享有的债权属于破产财产。

第七十条 债务人在被宣告破产时未到期的债权视为已到期,属于破产财产,但应当减去未到期的利息。

第七十一条 下列财产不属于破产财产:

(一) 债务人基于仓储、保管、加工承揽、委托交易、代销、借用、寄存、租赁等法律关系占有、使用的他人财产;

(二) 抵押物、留置物、出质物,但权利人放弃优先受偿权的或者优先偿付被担保债权剩余的部分除外;

(三) 担保物灭失后产生的保险金、补偿金、赔偿金等代位物;

(四) 依照法律规定存在优先权的财产,但权利人放弃优先受偿权或者优先偿付特定债权剩余的部分除外;

(五) 特定物买卖中,尚未转移占有但相对人已完全支付对价的特定物;

(六) 尚未办理产权证或者产权过户手续但已向买方交付的财产;

（七）债务人在所有权保留买卖中尚未取得所有权的财产；

（八）所有权专属于国家且不得转让的财产；

（九）破产企业工会所有的财产。

第七十二条 本规定第七十一条第（一）项所列的财产，财产权利人有权取回。

前款财产在破产宣告前已经毁损灭失的，财产权利人仅能以直接损失额为限申报债权；在破产宣告后因清算组的责任毁损灭失的，财产权利人有权获得等值赔偿。

债务人转让上述财产获利的，财产权利人有权要求债务人等值赔偿。

十、关于破产财产的收回、处理和变现

第七十三条 清算组应当向破产企业的债务人和财产持有人发出书面通知，要求债务人和财产持有人于限定的时间向清算组清偿债务或者交付财产。

破产企业的债务人和财产持有人有异议的，应当在收到通知后的7日内提出，由人民法院作出裁定。

破产企业的债务人和财产持有人在收到通知后既不向清算组清偿债务或者交付财产，又没有正当理由不在规定的异议期内提出异议的，由清算组向人民法院提出申请，经人民法院裁定后强制执行。

破产企业在境外的财产，由清算组予以收回。

第七十四条 债务人享有的债权，其诉讼时效自人民法院受理债务人的破产申请之日起，适用《中华人民共和国民法通则》第一百四十条关于诉讼时效中断的规定。债务人与债权人达成和解协议，中止破产程序的，诉讼时效自人民法院中止破产程序裁定之日起重新计算。

第七十五条 经人民法院同意，清算组可以聘用律师或者其

他中介机构的人员追收债权。

第七十六条 债务人设立的分支机构和没有法人资格的全资机构的财产，应当一并纳入破产程序进行清理。

第七十七条 债务人在其开办的全资企业中的投资权益应当予以追收。

全资企业资不抵债的，清算组停止追收。

第七十八条 债务人对外投资形成的股权及其收益应当予以追收。对该股权可以出售或者转让，出售、转让所得列入破产财产进行分配。

股权价值为负值的，清算组停止追收。

第七十九条 债务人开办的全资企业，以及由其参股、控股的企业不能清偿到期债务，需要进行破产还债的，应当另行提出破产申请。

第八十条 清算组处理集体所有土地使用权时，应当遵守相关法律规定。未办理土地征用手续的集体所有土地使用权，应当在该集体范围内转让。

第八十一条 破产企业的职工住房，已经签订合同、交付房款，进行房改给个人的，不属于破产财产。未进行房改的，可由清算组向有关部门申请办理房改事项，向职工出售。按照国家规定不具备房改条件，或者职工在房改中不购买住房的，由清算组根据实际情况处理。

第八十二条 债务人的幼儿园、学校、医院等公益福利性设施，按国家有关规定处理，不作为破产财产分配。

第八十三条 处理破产财产前，可以确定有相应评估资质的评估机构对破产财产进行评估，债权人会议、清算组对破产财产的评估结论、评估费用有异议的，参照最高人民法院《关于民事诉讼证据的若干规定》第二十七条的规定处理。

第八十四条 债权人会议对破产财产的市场价格无异议的，经人民法院同意后，可以不进行评估。但是国有资产除外。

第八十五条 破产财产的变现应当以拍卖方式进行。由清算组负责委托有拍卖资格的拍卖机构进行拍卖。

依法不得拍卖或者拍卖所得不足以支付拍卖所需费用的，不进行拍卖。

前款不进行拍卖或者拍卖不成的破产财产，可以在破产分配时进行实物分配或者作价变卖。债权人对清算组在实物分配或者作价变卖中对破产财产的估价有异议的，可以请求人民法院进行审查。

第八十六条 破产财产中的成套设备，一般应当整体出售。

第八十七条 依法属于限制流通的破产财产，应当由国家指定的部门收购或者按照有关法律规定处理。

十一、关于破产费用

第八十八条 破产费用包括：

（一）破产财产的管理、变卖、分配所需要的费用；

（二）破产案件的受理费；

（三）债权人会议费用；

（四）催收债务所需费用；

（五）为债权人的共同利益而在破产程序中支付的其他费用。

第八十九条 人民法院受理企业破产案件可以按照《人民法院诉讼收费办法补充规定》预收案件受理费。

破产宣告前发生的经人民法院认可的必要支出，从债务人财产中拨付。债务人财产不足以支付的，如系债权人申请破产的，由债权人支付。

第九十条 清算期间职工生活费、医疗费可以从破产财产中优先拨付。

第九十一条 破产费用可随时支付，破产财产不足以支付破产费用的，人民法院根据清算组的申请裁定终结破产程序。

十二、关于破产财产的分配

第九十二条 破产财产分配方案经债权人会议通过后,由清算组负责执行。财产分配可以一次分配,也可以多次分配。

第九十三条 破产财产分配方案应当包括以下内容:

(一)可供破产分配的财产种类、总值,已经变现的财产和未变现的财产;

(二)债权清偿顺序、各顺序的种类与数额,包括破产企业所欠职工工资、劳动保险费用和破产企业所欠税款的数额和计算依据,纳入国家计划调整的企业破产,还应当说明职工安置费的数额和计算依据;

(三)破产债权总额和清偿比例;

(四)破产分配的方式、时间;

(五)对将来能够追回的财产拟进行追加分配的说明。

第九十四条 列入破产财产的债权,可以进行债权分配。债权分配以便于债权人实现债权为原则。

将人民法院已经确认的债权分配给债权人的,由清算组向债权人出具债权分配书,债权人可以凭债权分配书向债务人要求履行。债务人拒不履行的,债权人可以申请人民法院强制执行。

第九十五条 债权人未在指定期限内领取分配的财产的,对该财产可以进行提存或者变卖后提存价款,并由清算组向债权人发出催领通知书。债权人在收到催领通知书一个月后或者在清算组发出催领通知书两个月后,债权人仍未领取的,清算组应当对该部分财产进行追加分配。

十三、关于破产终结

第九十六条 破产财产分配完毕,由清算组向人民法院报告分配情况,并申请人民法院终结破产程序。

人民法院在收到清算组的报告和终结破产程序申请后,认为符合破产程序终结规定的,应当在7日内裁定终结破产程序。

第九十七条 破产程序终结后,由清算组向破产企业原登记机关办理企业注销登记。

破产程序终结后仍有可以追收的破产财产、追加分配等善后事宜需要处理的,经人民法院同意,可以保留清算组或者保留部分清算组成员。

第九十八条 破产程序终结后出现可供分配的财产的,应当追加分配。追加分配的财产,除企业破产法第四十条规定的由人民法院追回的财产外,还包括破产程序中因纠正错误支出收回的款项,因权利被承认追回的财产,债权人放弃的财产和破产程序终结后实现的财产权利等。

第九十九条 破产程序终结后,破产企业的账册、文书等卷宗材料由清算组移交破产企业上级主管机关保存;无上级主管机关的,由破产企业的开办人或者股东保存。

十四、其 他

第一百条 人民法院在审理企业破产案件中,发现破产企业的原法定代表人或者直接责任人员有企业破产法第三十五条所列行为的,应当向有关部门建议,对该法定代表人或者直接责任人员给予行政处分,涉嫌犯罪的,应当将有关材料移送相关国家机关处理。

第一百零一条 破产企业有企业破产法第三十五条所列行为,致使企业财产无法收回,造成实际损失的,清算组可以对破产企业的原法定代表人、直接责任人员提起民事诉讼,要求其承担民事赔偿责任。

第一百零二条 人民法院受理企业破产案件后,发现企业有巨额财产下落不明的，应当将有关涉嫌犯罪的情况和材料，移送相关国家机关处理。

第一百零三条 人民法院可以建议有关部门对破产企业的主要责任人员限制其再行开办企业，在法定期限内禁止其担任公司的董事、监事、经理。

第一百零四条 最高人民法院发现各级人民法院，或者上级人民法院发现下级人民法院在破产程序中作出的裁定确有错误的，应当通知其纠正；不予纠正的，可以裁定指令下级人民法院重新作出裁定。

第一百零五条 纳入国家计划调整的企业破产案件，除适用本规定外，还应当适用国家有关企业破产的相关规定。

第一百零六条 本规定自2002年9月1日起施行。在本规定发布前制定的有关审理企业破产案件的司法解释，与本规定相抵触的，不再适用。

最高人民法院关于人民法院在审理企业破产案件中适用最高人民法院《关于审理企业破产案件若干问题的规定》的通知

（2002年12月26日 法〔2002〕273号）

各省、自治区、直辖市高级人民法院，解放军军事法院，新疆维吾尔自治区高级人民法院生产建设兵团分院：

最高人民法院《关于审理企业破产案件若干问题的规定》（以下简称《规定》）已由最高人民法院审判委员会第1232次会议通过，并于2002年9月1日起施行。为在审理企业破产案件工

作中正确适用《规定》,现就有关问题通知如下:

一、各级人民法院应当认真组织审判人员学习《规定》,深刻理解其含义,准确把握司法解释的精神,充分认识《规定》在规范企业破产行为,保障债权人和债务人的合法权益。防止假破产、真逃债,建立社会信用,维护社会经济秩序,促进社会主义市场经济发展方面的重要作用。

二、当事人向人民法院提出企业破产申请后,由立案庭接收有关申请材料,确定案号,并将有关申请材料移交审理企业破产案件的审判庭,由该审判庭依照《规定》的有关规定,决定是否受理当事人的申请。

三、企业破产申请人根据《规定》第十三条第二款、第十四条第三款的规定,向上一级人民法院提起上诉的,由上级人民法院审理企业破产案件的审判庭审理。

四、企业破产案件当事人根据《规定》第三十八条、第四十四条第二款的规定,向上一级人民法院申诉的,由上一级人民法院审理企业破产案件的审判庭审理。

五、根据《规定》第一百零四条的规定,最高人民法院发现地方各级人民法院,或者上级人民法院发现下级人民法院在企业破产程序中作出的裁定确有错误的。由最高人民法院或者上级人民法院审理企业破产案件的审判庭审理。

六、各级人民法院在执行《规定》的过程中,应当注意加强调查研究,总结审判实践经验,切实保证《规定》的有效实施。

最高人民法院关于对《最高人民法院关于审理企业破产案件若干问题的规定》第五十六条理解的答复

(2003年9月9日 法函〔2003〕46号)

劳动和社会保障部：

你部2002年12月15日对我院《关于审理企业破产案件若干问题的规定》（以下简称《规定》）第五十六条执行中的有关问题征求意见的函收悉，经研究，答复如下：

一、《规定》第五十六条不适用于纳入国家计划调整的企业破产案件，该类企业破产案件适用国务院国发〔1994〕59号《关于在若干城市试行国有企业破产有关问题的通知》和国发〔1997〕10号《关于在若干城市试行国有企业兼并破产和职工再就业有关问题的补充通知》的有关规定。在根据相关规定向破产企业职工发放安置费、经济补偿金后，不再就解除劳动合同补偿金予以补偿。

二、《规定》第五十六条中"依法或者依据劳动合同"的含义是：第一，补偿金的数额应当依据劳动合同的约定，劳动合同中没有约定的，则应依照法律、法规、参照部门规章的相关规定予以补偿。第二，如果劳动合同约定的补偿金或者根据有关规定确定的补偿金额过低或者过高，清算组可以根据有关规定进行调整。调整的标准，应当以破产企业正常生产经营状况下职工十二个月的月平均工资为基数计算补偿金额；第三，清算组调整后，企业的工会、职工个人认为补偿金仍然过低的，可以向受理破产案件的人民法院提出变更申请；债权人会议对清算组确定的职工补偿金有异议的，按《规定》第四十四条规定的程序进行。

此复。

最高人民法院对《关于审理企业破产案件若干问题的规定》第三十八条、第四十四条第二款的理解与适用的请示的答复

(2004年2月3日 〔2003〕民二他字第64号)

湖北省高级人民法院：

你院鄂高法〔2003〕389号请示收悉。我庭研究认为，《关于审理企业破产案件若干问题的规定》（以下简称《规定》）第三十八条和第四十四条第二款规定的申诉程序，是最高法院在法律没有具体规定时，根据法律的精神和现实的需要，探索如何完善上级法院对下级法院审理企业破产案件进行审判监督的具体体现。鉴于此种申诉程序尚在探索阶段，我庭谨提供如下意见供参考：

一、人民法院作出破产宣告裁定依法应当进行公告，鉴于破产宣告裁定对破产程序当事人影响较大，也仅要求在人民法院公告栏进行公告，因此人民法院在破产宣告裁定作出当日即应当进行公告，公告之日即裁定之日。《规定》第三十八条规定债权人或债务人向上级法院进行申诉的申诉期自裁定之日起算，也即从公告之日起算。如人民法院在裁定之日未作公告，而在裁定日后公告的，可酌情考虑自公告之日起算当事人的申诉期。

二、破产案件分配方案经债权人会议两次讨论未通过的，人民法院可以依法作出裁定。由于债权人会议系债权人自治组织，根据破产法的规定享有审查、通过破产财产分配方案的权力，因此，人民法院在债权人会议未通过破产财产分配方案时如以裁定

形式通过方案，性质上属于司法对债权人意思自治的干预，因此，人民法院不仅在裁定中要说明裁定的理由，而且应当在债权人会议期间作出裁定并向参加会议的全体债权人宣读，使债权人及时知悉自身权利状态。《规定》第四十四条第二款规定债权人就该裁定向上级法院申诉的期间起算自裁定之日，也即起算自人民法院向参加会议的全体债权人宣读裁定之日。由于人民法院通过破产财产分配方案的裁定无需公告，也无需送达债权人（债权人人数众多时也无法送达），因此，在债权人会议期间宣读裁定应当是必要的。

司法实践中，有的法院不在债权人会议期间进行裁定，而是在债权人会议后通过书面审理进行，并且裁定后也不送达，确实存在不利于债权人维护自身权利的情况。对于此种情况如何进行救济尚有待探索，但从程序上要求人民法院在债权人会议期间作出裁定并向参加会议的全体债权人宣读裁定，是避免出现上述情况的重要保证，各级人民法院应当予以充分重视。

此复。

最高人民法院关于企业破产案件信息公开的规定（试行）

（2016年7月26日 法〔2016〕19号）

为提升破产案件审理的透明度和公信力，根据《中华人民共和国企业破产法》《中华人民共和国民事诉讼法》，结合人民法院工作实际，就破产案件信息公开问题，制定本规定。

第一条 最高人民法院设立全国企业破产重整案件信息网(以下简称破产重整案件信息网)，破产案件（包括破产重整、破产清算、破产和解案件）审判流程信息以及公告、法律文书、债务人信息等与破产程序有关的信息统一在破产重整案件信息网公布。

人民法院以及人民法院指定的破产管理人应当使用破产重整案件信息网及时披露破产程序有关信息。

第二条 破产案件信息公开以公开为原则,以不公开为例外。凡是不涉及国家秘密、个人隐私的信息均应依法公开。涉及商业秘密的债务人信息,在不损害债权人和债务人合法权益的情况下,破产管理人可以通过与重整投资人的协议向重整投资人公开。

第三条 人民法院依法公开破产案件的以下信息:

( ) 审判流程节点信息;

(二) 破产程序中人民法院发布的各类公告;

(三) 人民法院制作的破产程序法律文书;

(四) 人民法院认为应当公开的其他信息。

第四条 破产管理人依法公开破产案件的以下信息:

(一) 债务人信息;

(二) 征集、招募重整投资人的公告;

(三) 破产管理人工作节点信息;

(四) 破产程序中破产管理人发布的其他公告;

(五) 破产管理人制作的破产程序法律文书;

(六) 人民法院裁定批准的重整计划、认可的破产财产分配方案、和解协议。

破产管理人认为应当公开的其他信息,经人民法院批准可以公开。

第五条 破产管理人应当通过破产重整案件信息网及时公开下列债务人信息:

(一) 工商登记信息;

(二) 最近一年的年度报告;

(三) 最近一年的资产负债表;

(四) 涉及的诉讼、仲裁案件的基本信息。

第六条 重整投资人可以通过破产重整案件信息网与破产管理人互动交流。破产管理人可以根据与重整投资人的协议向重整投资人公开下列债务人信息：

（一）资产、经营状况信息；

（二）涉及的诉讼、仲裁案件的详细信息；

（三）重整投资人需要的其他信息。

第七条 人民法院、破产管理人可以在破产重整案件信息网发布破产程序有关公告。

人民法院、破产管理人在其他媒体发布公告的，同时要在破产重整案件信息网发布公告。人民法院、破产管理人在破产重整案件信息网发布的公告具有法律效力。

第八条 经受送达人同意，人民法院可以通过破产重整案件信息网以电子邮件、移动通信等能够确认其收悉的方式送达破产程序有关法律文书，但裁定书除外。

采用前款方式送达的，以电子邮件、移动通信等到达受送达人特定系统的日期为送达日期。

第九条 申请人可以在破产重整案件信息网实名注册后申请预约立案并提交有关材料的电子文档。人民法院审查通过后，应当通知申请人到人民法院立案窗口办理立案登记。

第十条 债权人可以在破产重整案件信息网实名注册后申报债权并提交有关证据的电子文档，网上申报债权与其他方式申报债权具有同等法律效力。

债权人向破产管理人书面申报债权的，破产管理人应当将债权申报书及有关证据的电子文档上传破产重整案件信息网。

第十一条 人民法院、破产管理人可以在破产重整案件信息网召集债权人会议并表决有关事项。网上投票形成的表决结果与现场投票形成的表决结果具有同等法律效力。

债权人可以选择现场投票或者网上投票，但选择后不能再采用其他方式进行投票，采用其他方式进行投票的，此次投票无效。

第十二条 人民法院审理的公司强制清算案件应当参照适用本规定。

第十三条 本规定自 2016 年 8 月 1 日起施行。本规定施行后受理的破产案件以及施行前尚未审结的破产案件应当适用本规定。

最高人民法院关于《中华人民共和国企业破产法》施行时尚未审结的企业破产案件适用法律若干问题的规定

(2007 年 4 月 23 日最高人民法院审判委员会第 1425 次会议通过 2007 年 4 月 25 日最高人民法院公告公布 自 2007 年 6 月 1 日起施行 法释〔2007〕10 号)

为正确适用《中华人民共和国企业破产法》，对人民法院审理企业破产法施行前受理的、施行时尚未审结的企业破产案件具体适用法律问题，规定如下：

第一条 债权人、债务人或者出资人向人民法院提出重整或者和解申请，符合下列条件之一的，人民法院应予受理：

（一）债权人申请破产清算的案件，债务人或者出资人于债务人被宣告破产前提出重整申请，且符合企业破产法第七十条第二款的规定；

（二）债权人申请破产清算的案件，债权人于债务人被宣告破产前提出重整申请，且符合企业破产法关于债权人直接向人民法院申请重整的规定；

（三）债务人申请破产清算的案件，债务人于被宣告破产前提出重整申请，且符合企业破产法关于债务人直接向人民法院申请重整的规定；

（四）债务人依据企业破产法第九十五条的规定申请和解。

第二条 清算组在企业破产法施行前未通知或者答复未履行完毕合同的对方当事人解除或者继续履行合同的,从企业破产法施行之日起计算,在该法第十八条第一款规定的期限内未通知或者答复的,视为解除合同。

第三条 已经成立清算组的,企业破产法施行后,人民法院可以指定该清算组为管理人。

尚未成立清算组的,人民法院应当依照企业破产法和《最高人民法院关于审理企业破产案件指定管理人的规定》及时指定管理人。

第四条 债权人主张对债权债务抵销的,应当符合企业破产法第四十条规定的情形;但企业破产法施行前,已经依据有关法律规定抵销的除外。

第五条 对于尚未清偿的破产费用,应当按企业破产法第四十一条和第四十二条的规定区分破产费用和共益债务,并依据企业破产法第四十三条的规定清偿。

第六条 人民法院尚未宣告债务人破产的,应当适用企业破产法第四十六条的规定确认债权利息;已经宣告破产的,依据企业破产法施行前的法律规定确认债权利息。

第七条 债权人已经向人民法院申报债权的,由人民法院将相关申报材料移交给管理人;尚未申报的,债权人应当直接向管理人申报。

第八条 债权人未在人民法院确定的债权申报期内向人民法院申报债权的,可以依据企业破产法第五十六条的规定补充申报。

第九条 债权人对债权表记载债权有异议,向受理破产申请的人民法院提起诉讼的,人民法院应当依据企业破产法第二十一条和第五十八条的规定予以受理。但人民法院对异议债权已经作出裁决的除外。

债权人就争议债权起诉债务人,要求其承担偿还责任的,人民法院应当告知该债权人变更其诉讼请求为确认债权。

第十条 债务人的职工就清单记载有异议,向受理破产申请的人民法院提起诉讼的,人民法院应当依据企业破产法第二十一条和第四十八条的规定予以受理。但人民法院对异议债权已经作出裁决的除外。

第十一条 有财产担保的债权人未放弃优先受偿权利的,对于企业破产法第六十一条第一款第七项、第十项规定以外的事项享有表决权。但该债权人对于企业破产法施行前已经表决的事项主张行使表决权,或者以其未行使表决权为由请求撤销债权人会议决议的,人民法院不予支持。

第十二条 债权人认为债权人会议的决议违反法律规定,损害其利益,向人民法院请求撤销该决议,裁定尚未作出的,人民法院应当依据企业破产法第六十四条的规定作出裁定。

第十三条 债权人对于财产分配方案的裁定不服,已经申诉的,由上一级人民法院依据申诉程序继续审理;企业破产法施行后提起申诉的,人民法院应当告知其依据企业破产法第六十六条的规定申请复议。

债权人对于人民法院作出的债务人财产管理方案的裁定或者破产财产变价方案的裁定不服,向受理破产申请的人民法院申请复议的,人民法院应当依据企业破产法第六十六条的规定予以受理。

债权人或者债务人对破产宣告裁定有异议,已经申诉的,由上一级人民法院依据申诉程序继续审理;企业破产法施行后提起申诉的,人民法院不予受理。

第十四条 企业破产法施行后,破产人的职工依据企业破产法第一百三十二条的规定主张权利的,人民法院应予支持。

第十五条 破产人所欠董事、监事和高级管理人员的工资,应当依据企业破产法第一百一十三条第三款的规定予以调整。

第十六条 本规定施行前本院作出的有关司法解释与本规定相抵触的,人民法院审理尚未审结的企业破产案件不再适用。

最高人民法院关于执行《最高人民法院关于〈中华人民共和国企业破产法〉施行时尚未审结的企业破产案件适用法律若干问题的规定》的通知

(2007年5月26日 法〔2007〕81号)

各省、自治区、直辖市高级人民法院，新疆维吾尔自治区高级人民法院生产建设兵团分院：

为保证《中华人民共和国企业破产法》（以下简称企业破产法）的顺利施行和最高人民法院《关于〈中华人民共和国企业破产法〉施行时尚未审结的企业破产案件适用法律若干问题的规定》（以下简称《规定》）的正确执行，现就有关问题通知如下：

一、企业破产法施行后，尚未审结的企业破产案件中，已经开始而尚未终结的有关债务人的民事诉讼案件，分别按照以下方式处理：

（一）以债务人为原告的一审案件，已经移交给受理破产案件的人民法院的，由受理破产案件的人民法院继续审理；尚未移交的，适用企业破产法第二十条的规定。

以债务人为原告的二审案件，由二审人民法院继续审理。

（二）以债务人为被告的案件，已经中止诉讼，且受理破产案件的人民法院对相关争议已经作出裁定的，不适用企业破产法的规定；尚未作出裁定的，依照企业破产法第二十条的规定继续审理。

二、根据企业破产法的规定，破产申请受理后，所有有关债务人的民事诉讼只能向受理破产申请的人民法院提起。尚未审结的企业破产案件中，债权人或者债务人的职工依据企业破产法和《规定》第九条或者第十条的规定，向人民法院提起诉讼的，受理破产案件的人民法院应当根据案件性质和人民法院内部职能分工，并依据民事诉讼法的有关规定，由相关审判庭以独任审判或者组成合议庭的方式进行审理。

三、对于有关债务人的其他民事诉讼，如债务人合同履行诉讼、追收债务人对外债权诉讼、撤销债务人处分财产行为诉讼、确认债务人处分财产行为无效诉讼、取回权诉讼、别除权诉讼和抵销权诉讼等，受理破产案件的人民法院应比照本通知第二条规定处理。

四、为保证破产程序的顺利进行，依据本通知第一条、第二条和第三条的规定审理有关债务人的民事诉讼案件的人民法院，应当在审限内尽可能加快审理有关债务人的民事诉讼案件，避免因拖延审理对相关权利人的权利造成不必要的损害。

五、尚未审结的企业破产案件中有关债务人财产行为的无效认定，适用《中华人民共和国企业破产法（试行）》的有关规定。

六、人民法院审理企业破产案件适用企业破产法第一百二十二条和《规定》第十四条时，应当注意以下几个问题：

（一）企业破产法第一百三十二条仅适用于企业破产法公布之日前所欠的职工权益，形成于企业破产法公布之日后所欠的职工权益不属本条适用的范畴，该部分职工权益只能从破产企业已经设定担保物权之外的其他财产，或者担保物权人明确放弃行使优先受偿权后的已设定担保物权的财产中受偿；

（二）企业破产法公布之日前形成的职工权益，在按照正常清偿顺序无法得到清偿时，才可从已经设定物权担保的财产中受偿。在债务人尚有其他财产可以清偿时，不得先行从已经设定物权担保的财产中清偿；

（三）在企业破产法公布之日前所欠的职工权益，依法以设定物权担保的财产进行清偿的情况下，对于企业破产案件中因按照正常清偿顺序无法实现的破产费用、共益债务以及职工的其他权益不得优先于担保物权人受偿。

七、人民法院审理尚未审结的企业破产案件，对于尚未进行的程序，《规定》未作出规定的，原则上均应适用企业破产法的有关规定。

请各级人民法院将执行企业破产法和《规定》中遇到的问题和情况及时逐级报告我院。

最高人民法院关于债权人对人员下落不明或者财产状况不清的债务人申请破产清算案件如何处理的批复

（2008年8月4日最高人民法院审判委员会第1450次会议通过　2008年8月7日最高人民法院公告公布　自2008年8月18日起施行　法释〔2008〕10号）

贵州省高级人民法院：

你院《关于企业法人被吊销营业执照后，依法负有清算责任的人未向法院申请破产，债权人是否可以申请被吊销营业执照的企业破产的请示》（（2007）黔高民二破请终字1号）收悉。经研究，批复如下：

债权人对人员下落不明或者财产状况不清的债务人申请破产清算，符合企业破产法规定的，人民法院应依法予以受理。债务人能否依据企业破产法第十一条第二款的规定向人民法院提交财产状况说明、债权债务清册等相关材料，并不影响对债权人申请的受理。

人民法院受理上述破产案件后，应当依据企业破产法的有关规定指定管理人追收债务人财产；经依法清算，债务人确无财产可供分配的，应当宣告债务人破产并终结破产程序；破产程序终结后二年内发现有依法应当追回的财产或者有应当供分配的其他财产的，债权人可以请求人民法院追加分配。

债务人的有关人员不履行法定义务，人民法院可依据有关法律规定追究其相应法律责任；其行为导致无法清算或者造成损失，有关权利人起诉请求其承担相应民事责任的，人民法院应依法予以支持。

此复。

最高人民法院关于执行案件移送破产审查若干问题的指导意见

（2017年1月20日 法发〔2017〕2号）

推进执行案件移送破产审查工作，有利于健全市场主体救治和退出机制，有利于完善司法工作机制，有利于化解执行积案，是人民法院贯彻中央供给侧结构性改革部署的重要举措，是当前和今后一段时期人民法院服务经济社会发展大局的重要任务。为促进和规范执行案件移送破产审查工作，保障执行程序与破产程序的有序衔接，根据《中华人民共和国企业破产法》《中华人民共和国民事诉讼法》《最高人民法院关于适用〈中华人民共和国民事诉讼法〉的解释》等规定，现对执行案件移送破产审查的若干问题提出以下意见。

一、执行案件移送破产审查的工作原则、条件与管辖

1. 执行案件移送破产审查工作，涉及执行程序与破产程序之间的转换衔接，不同法院之间，同一法院内部执行部门、立案部门、破产审判部门之间，应坚持依法有序、协调配合、高效便捷的工作原则,防止推诿扯皮,影响司法效率,损害当事人合法权益。

2. 执行案件移送破产审查,应同时符合下列条件:

(1) 被执行人为企业法人;

(2) 被执行人或者有关被执行人的任何一个执行案件的申请执行人书面同意将执行案件移送破产审查;

(3) 被执行人不能清偿到期债务,并且资产不足以清偿全部债务或者明显缺乏清偿能力。

3. 执行案件移送破产审查,由被执行人住所地人民法院管辖。在级别管辖上,为适应破产审判专业化建设的要求,合理分配审判任务,实行以中级人民法院管辖为原则、基层人民法院管辖为例外的管辖制度。中级人民法院经高级人民法院批准,也可以将案件交由具备审理条件的基层人民法院审理。

二、执行法院的征询、决定程序

4. 执行法院在执行程序中应加强对执行案件移送破产审查有关事宜的告知和征询工作。执行法院采取财产调查措施后,发现作为被执行人的企业法人符合破产法第二条规定的,应当及时询问申请执行人、被执行人是否同意将案件移送破产审查。申请执行人、被执行人均不同意移送且无人申请破产的,执行法院应当按照《最高人民法院关于适用〈中华人民共和国民事诉讼法〉的解释》第五百一十六条的规定处理,企业法人的其他已经取得执行依据的债权人申请参与分配的,人民法院不予支持。

5. 执行部门应严格遵守执行案件移送破产审查的内部决定程序。承办人认为执行案件符合移送破产审查条件的,应提出审查意见,经合议庭评议同意后,由执行法院院长签署移送决定。

6. 为减少异地法院之间移送的随意性,基层人民法院拟将执行案件移送异地中级人民法院进行破产审查的,在作出移送决定前,应先报请其所在地中级人民法院执行部门审核同意。

7. 执行法院作出移送决定后,应当于五日内送达申请执行人和被执行人。申请执行人或被执行人对决定有异议的,可以在受移送法院破产审查期间提出，由受移送法院一并处理。

8. 执行法院作出移送决定后，应当书面通知所有已知执行法院，执行法院均应中止对被执行人的执行程序。但是，对被执行人的季节性商品、鲜活、易腐烂变质以及其他不宜长期保存的物品，执行法院应当及时变价处置，处置的价款不作分配。受移送法院裁定受理破产案件的，执行法院应当在收到裁定书之日起七日内，将该价款移交受理破产案件的法院。

案件符合终结本次执行程序条件的，执行法院可以同时裁定终结本次执行程序。

9. 确保对被执行人财产的查封、扣押、冻结措施的连续性，执行法院决定移送后、受移送法院裁定受理破产案件之前，对被执行人的查封、扣押、冻结措施不解除。查封、扣押、冻结期限在破产审查期间届满的，申请执行人可以向执行法院申请延长期限，由执行法院负责办理。

三、移送材料及受移送法院的接收义务

10. 执行法院作出移送决定后，应当向受移送法院移送下列材料：

（1）执行案件移送破产审查决定书；

（2）申请执行人或被执行人同意移送的书面材料；

（3）执行法院采取财产调查措施查明的被执行人的财产状况，已查封、扣押、冻结财产清单及相关材料；

（4）执行法院已分配财产清单及相关材料；

（5）被执行人债务清单；

（6）其他应当移送的材料。

11. 移送的材料不完备或内容错误，影响受移送法院认定破产原因是否具备的，受移送法院可以要求执行法院补齐、补正，执行法院应于十日内补齐、补正。该期间不计入受移送法院破产审查的期间。

受移送法院需要查阅执行程序中的其他案件材料，或者依法委托执行法院办理财产处置等事项的,执行法院应予协助配合。

12. 执行法院移送破产审查的材料,由受移送法院立案部门负责接收。受移送法院不得以材料不完备等为由拒绝接收。立案部门经审核认为移送材料完备的,应以"破申"作为案件类型代字编制案号登记立案,并及时将案件移送破产审判部门进行破产审查。破产审判部门在审查过程中发现本院对案件不具有管辖权的,应当按照《中华人民共和国民事诉讼法》第三十六条的规定处理。

四、受移送法院破产审查与受理

13. 受移送法院的破产审判部门应当自收到移送的材料之日起三十日内作出是否受理的裁定。受移送法院作出裁定后,应当在五日内送达申请执行人、被执行人,并送交执行法院。

14. 申请执行人申请或同意移送破产审查的,裁定书中以该申请执行人为申请人,被执行人为被申请人;被执行人申请或同意移送破产审查的,裁定书中以该被执行人为申请人;申请执行人、被执行人均同意移送破产审查的,双方均为申请人。

15. 受移送法院裁定受理破产案件的,在此前的执行程序中产生的评估费、公告费、保管费等执行费用,可以参照破产费用的规定,从债务人财产中随时清偿。

16. 执行法院收到受移送法院受理裁定后,应当于七日内将已经扣划到账的银行存款、实际扣押的动产、有价证券等被执行人财产移交给受理破产案件的法院或管理人。

17. 执行法院收到受移送法院受理裁定时,已通过拍卖程序处置且成交裁定已送达买受人的拍卖财产,通过以物抵债偿还债务且抵债裁定已送达债权人的抵债财产,已完成转账、汇款、现金交付的执行款,因财产所有权已经发生变动,不属于被执行人的财产,不再移交。

五、受移送法院不予受理或驳回申请的处理

18. 受移送法院做出不予受理或驳回申请裁定的,应当在裁定生效后七日内将接收的材料、被执行人的财产退回执行法院,执行法院应当恢复对被执行人的执行。

19. 受移送法院作出不予受理或驳回申请的裁定后,人民法院不得重复启动执行案件移送破产审查程序。申请执行人或被执行人以有新证据足以证明被执行人已经具备了破产原因为由,再次要求将执行案件移送破产审查的,人民法院不予支持。但是,申请执行人或被执行人可以直接向具有管辖权的法院提出破产申请。

20. 受移送法院裁定宣告被执行人破产或裁定终止和解程序、重整程序的,应当自裁定作出之日起五日内送交执行法院,执行法院应当裁定终结对被执行人的执行。

六、执行案件移送破产审查的监督

21. 受移送法院拒绝接收移送的材料,或者收到移送的材料后不按规定的期限作出是否受理裁定的,执行法院可函请受移送法院的上一级法院进行监督。上一级法院收到函件后应当指令受移送法院在十日内接收材料或作出是否受理的裁定。

受移送法院收到上级法院的通知后,十日内仍不接收材料或不作出是否受理裁定的,上一级法院可以径行对移送破产审查的案件行使管辖权。上一级法院裁定受理破产案件的,可以指令受移送法院审理。

最高人民法院关于推进破产案件依法高效审理的意见

(2020年4月15日 法发〔2020〕14号)

为推进破产案件依法高效审理,进一步提高破产审判效率,降低破产程序成本,保障债权人和债务人等主体合法权益,充分发挥破产审判工作在完善市场主体拯救和退出机制等方面的积极作用，更好地服务和保障国家经济高质量发展，助推营造国际一流营商环境，结合人民法院工作实际，制定本意见。

一、优化案件公告和受理等程序流程

1. 对于企业破产法及相关司法解释规定需要公告的事项，人民法院、管理人应当在全国企业破产重整案件信息网发布，同时还可以通过在破产案件受理法院公告栏张贴、法院官网发布、报纸刊登或者在债务人住所地张贴等方式进行公告。

对于需要通知或者告知的事项，人民法院、管理人可以采用电话、短信、传真、电子邮件、即时通信、通讯群组等能够确认其收悉的简便方式通知或者告知债权人、债务人及其他利害关系人。

2. 债权人提出破产申请，人民法院经采用本意见第1条第2款规定的简便方式和邮寄等方式无法通知债务人的，应当到其住所地进行通知。仍无法通知的，人民法院应当按照本意见第1条第1款规定的公告方式进行通知。自公告发布之日起七日内债务人未向人民法院提出异议的，视为债务人经通知对破产申请无异议。

3. 管理人在接管债务人财产、接受债权申报等执行职务过程中，应当要求债务人、债权人及其他利害关系人书面确认送达地址、电子送达方式及法律后果。有关送达规则，参照适用《最高人民法院关于进一步加强民事送达工作的若干意见》的规定。

人民法院作出的裁定书不适用电子送达，但纳入《最高人民法院民事诉讼程序繁简分流改革试点实施办法》的试点法院依照相关规定办理的除外。

4. 根据《全国法院破产审判工作会议纪要》第38条的规定，需要由一家人民法院集中管辖多个关联企业非实质合并破产案件，相关人民法院之间就管辖发生争议的，应当协商解决。协商不成的，由双方逐级报请上级人民法院协调处理，必要时报请共同的上级人民法院。请求上级人民法院协调处理的，应当提交已经进行协商的有关说明及材料。经过协商、协调，发生争议的人民法院达成一致意见的，应当形成书面纪要，双方遵照执行。其中有关事项依法需报请共同的上级人民法院作出裁定或者批准的，按照有关规定办理。

二、完善债务人财产接管和调查方式

5. 人民法院根据案件具体情况，可以在破产申请受理审查阶段同步开展指定管理人的准备工作。管理人对于提高破产案件效率、降低破产程序成本作出实际贡献的，人民法院应当作为确定或者调整管理人报酬方案的考虑因素。

6. 管理人应当及时全面调查债务人涉及的诉讼和执行案件情况。破产案件受理法院可以根据管理人的申请或者依职权，及时向管理人提供通过该院案件管理系统查询到的有关债务人诉讼和执行案件的基本信息。债务人存在未结诉讼或者未执行完毕案件的，管理人应当及时将债务人进入破产程序的情况报告相关人民法院。

7. 管理人应当及时全面调查债务人财产状况。破产案件受理法院可以根据管理人的申请或者依职权，及时向管理人提供通过该院网络执行查控系统查询到的债务人财产信息。

8. 管理人应当及时接管债务人的财产、印章和账簿、文书等资料。债务人拒不移交的，人民法院可以根据管理人的申请或者依职权对直接责任人员处以罚款，并可以就债务人应当移交的内容和期限作出裁定。债务人不履行裁定确定的义务的，人民法院可以依照民事诉讼法执行程序的有关规定采取搜查、强制交付等必要措施予以强制执行。

接管过程中，对于债务人占有的不属于债务人的财产，权利人可以依据企业破产法第三十八条的规定向管理人主张取回。管理人不予认可的，权利人可以向破产案件受理法院提起诉讼请求行使取回权。诉讼期间不停止管理人的接管。

9. 管理人需要委托中介机构对债务人财产进行评估、鉴定、审计的，应当与有关中介机构签订委托协议。委托协议应当包括完成相应工作的时限以及违约责任。违约责任可以包括中介机构无正当理由未按期完成的,管理人有权另行委托,原中介机构已收取的费用予以退还或者未收取的费用不再收取等内容。

三、提升债权人会议召开和表决效率

10. 第一次债权人会议可以采用现场方式或者网络在线视频方式召开。人民法院应当根据企业破产法第十四条的规定,在通知和公告中注明第一次债权人会议的召开方式。经第一次债权人会议决议通过,以后的债权人会议还可以采用非在线视频通讯群组等其他非现场方式召开。债权人会议以非现场方式召开的,管理人应当核实参会人员身份,记录并保存会议过程。

11. 债权人会议除现场表决外,可以采用书面、传真、短信、电子邮件、即时通信、通讯群组等非现场方式进行表决。管理人应当通过打印、拍照等方式及时提取记载表决内容的电子数据,并盖章或者签字确认。管理人为中介机构或者清算组的,应当由管理人的两名工作人员签字确认。管理人应当在债权人会议召开后或者表决期届满后三日内,将表决结果告知参与表决的债权人。

12. 债权人请求撤销债权人会议决议,符合《最高人民法院关于适用〈中华人民共和国企业破产法〉若干问题的规定(三)》第十二条规定的,人民法院应予支持,但会议召开或者表决程序仅有轻微瑕疵,且对决议未产生实质影响的,人民法院不予支持。

四、构建简单案件快速审理机制

13. 对于债权债务关系明确、债务人财产状况清楚、案情简单的破产清算、和解案件,人民法院可以适用快速审理方式。

破产案件具有下列情形之一的,不适用快速审理方式:

(1) 债务人存在未结诉讼、仲裁等情形,债权债务关系复杂的;

(2) 管理、变价、分配债务人财产可能期限较长或者存在较大困难等情形,债务人财产状况复杂的;

（3）债务人系上市公司、金融机构，或者存在关联企业合并破产、跨境破产等情形的；

（4）其他不宜适用快速审理方式的。

14. 人民法院在受理破产申请的同时决定适用快速审理方式的，应当在指定管理人决定书中予以告知，并与企业破产法第十四条规定的事项一并予以公告。

15. 对于适用快速审理方式的破产案件，受理破产申请的人民法院应当在裁定受理之日起六个月内审结。

16. 管理人应当根据企业破产法第六十三条的规定，提前十五日通知已知债权人参加债权人会议，并将需审议、表决事项的具体内容提前三日告知已知债权人。但全体已知债权人同意缩短上述时间的除外。

17. 在第一次债权人会议上，管理人可以将债务人财产变价方案、分配方案以及破产程序终结后可能追加分配的方案一并提交债权人会议表决。

债务人财产实际变价后，管理人可以根据债权人会议决议通过的分配规则计算具体分配数额，向债权人告知后进行分配，无需再行表决。

18. 适用快速审理方式的破产案件，下列事项按照如下期限办理：

（1）人民法院应当自裁定受理破产申请之日起十五日内自行或者由管理人协助通知已知债权人；

（2）管理人一般应当自接受指定之日起三十日内完成对债务人财产状况的调查，并向人民法院提交财产状况报告；

（3）破产人有财产可供分配的，管理人一般应当在破产财产最后分配完结后十日内向人民法院提交破产财产分配报告，并提请裁定终结破产程序；

（4）案件符合终结破产程序条件的，人民法院应当自收到管理人相关申请之日起十日内作出裁定。

19. 破产案件在审理过程中发生不宜适用快速审理方式的情形，或者案件无法在本意见第 15 条规定的期限内审结的，应当转换为普通方式审理，原已进行的破产程序继续有效。破产案件受理法院应当将转换审理方式决定书送达管理人，并予以公告。管理人应当将上述事项通知已知债权人、债务人。

五、强化强制措施和打击逃废债力度

20. 债务人的有关人员或者其他人员有故意作虚假陈述，或者伪造、销毁债务人的账簿等重要证据材料，或者对管理人进行侮辱、诽谤、诬陷、殴打、打击报复等违法行为的，人民法院除依法适用企业破产法规定的强制措施外，可以依照民事诉讼法第一百一十一条等规定予以处理。

21. 债务人财产去向不明，或者债权人、出资人等利害关系人提供了债务人相关财产可能存在被非法侵占、挪用、隐匿等情形初步证据或者明确线索的，管理人应当及时对有关财产的去向情况进行调查。有证据证明债务人及其有关人员存在企业破产法第三十一条、第三十二条、第三十三条、第三十六条等规定的行为的，管理人应当依法追回相关财产。

22. 人民法院要准确把握违法行为入刑标准，严厉打击恶意逃废债行为。因企业经营不规范导致债务人财产被不当转移或者处置的，管理人应当通过行使撤销权、依法追回财产、主张损害赔偿等途径维护债权人合法权益，追究相关人员的民事责任。企业法定代表人、出资人、实际控制人等有恶意侵占、挪用、隐匿企业财产，或者隐匿、故意销毁依法应当保存的会计凭证、会计账簿、财务会计报告等违法行为，涉嫌犯罪的，人民法院应当根据管理人的提请或者依职权及时移送有关机关依法处理。

全国法院民商事审判工作会议纪要（节录）

（2019年11月8日　法〔2019〕254号）

……

十、关于破产纠纷案件的审理

会议认为，审理好破产案件对于推动高质量发展、深化供给侧结构性改革、营造稳定公平透明可预期的营商环境，具有十分重要的意义。要继续深入推进破产审判工作的市场化、法治化、专业化、信息化，充分发挥破产审判公平清理债权债务、促进优胜劣汰、优化资源配置、维护市场经济秩序等重要功能。一是要继续加大对破产保护理念的宣传和落实，及时发挥破产重整制度的积极拯救功能，通过平衡债权人、债务人、出资人、员工等利害关系人的利益，实现社会整体价值最大化；注重发挥和解程序简便快速清理债权债务关系的功能，鼓励当事人通过和解程序或者达成自行和解的方式实现各方利益共赢；积极推进清算程序中的企业整体处置方式，有效维护企业营运价值和职工就业。二是要推进不符合国家产业政策、丧失经营价值的企业主体尽快从市场退出，通过依法简化破产清算程序流程加快对"僵尸企业"的清理。三是要注重提升破产制度实施的经济效益，降低破产程序运行的时间和成本，有效维护企业营运价值，最大程度发挥各类要素和资源潜力，减少企业破产给社会经济造成的损害。四是要积极稳妥进行实践探索，加强理论研究，分步骤、有重点地推进建立自然人破产制度，进一步推动健全市场主体退出制度。

107.【继续推动破产案件的及时受理】充分发挥破产重整案件信息网的线上预约登记功能,提高破产案件的受理效率。当事人提出破产申请的,人民法院不得以非法定理由拒绝接收破产申请材料。如果可能影响社会稳定的,要加强府院协调,制定相应预案,但不应当以"影响社会稳定"之名,行消极不作为之实。破产申请材料不完备的,立案部门应当告知当事人在指定期限内补充材料,待材料齐备后以"破申"作为案件类型代字编制案号登记立案,并及时将案件移送破产审判部门进行破产审查。

注重发挥破产和解制度简便快速清理债权债务关系的功能,债务人根据《企业破产法》第95条的规定,直接提出和解申请,或者在破产申请受理后宣告破产前申请和解的,人民法院应当依法受理并及时作出是否批准的裁定。

108.【破产申请的不予受理和撤回】人民法院裁定受理破产申请前,提出破产申请的债权人的债权因清偿或者其他原因消灭的,因申请人不再具备申请资格,人民法院应当裁定不予受理。但该裁定不影响其他符合条件的主体再次提出破产申请。破产申请受理后,管理人以上述清偿符合《企业破产法》第31条、第32条为由请求撤销的,人民法院查实后应当予以支持。

人民法院裁定受理破产申请系对债务人具有破产原因的初步认可,破产申请受理后,申请人请求撤回破产申请的,人民法院不予准许。除非存在《企业破产法》第12条第2款规定的情形,人民法院不得裁定驳回破产申请。

109.【受理后债务人财产保全措施的处理】要切实落实破产案件受理后相关保全措施应予解除、相关执行措施应当中止、债务人财产应当及时交付管理人等规定,充分运用信息化技术手段,通过信息共享与整合,维护债务人财产的完整性。相关人民法院拒不解除保全措施或者拒不中止执行的,破产受理人民法院可以请求该法院的上级人民法院依法予以纠正。对债务人财产采取保全措施或者执行措施的人民法院未依法及时解除保全措施、移交处置权，或者中止执行程序并移交有关财产的，上级人民法院应当依法予以纠正。相关人员违反上述规定造成严重后果的，破产受理人民法院可以向人民法院纪检监察部门移送其违法审判责任线索。

人民法院审理企业破产案件时，有关债务人财产被其他具有强制执行权力的国家行政机关，包括税务机关、公安机关、海关等采取保全措施或者执行程序的，人民法院应当积极与上述机关进行协调和沟通，取得有关机关的配合，参照上述具体操作规程，解除有关保全措施，中止有关执行程序，以便保障破产程序顺利进行。

110.【受理后有关债务人诉讼的处理】人民法院受理破产申请后，已经开始而尚未终结的有关债务人的民事诉讼，在管理人接管债务人财产和诉讼事务后继续进行。债权人已经对债务人提起的给付之诉，破产申请受理后，人民法院应当继续审理，但是在判定相关当事人实体权利义务时，应当注意与企业破产法及其司法解释的规定相协调。

上述裁判作出并生效前，债权人可以同时向管理人申报债权，但其作为债权尚未确定的债权人，原则上不得行使表决权，除非人民法院临时确定其债权额。上述裁判生效后，债权人应当根据裁判认定的债权数额在破产程序中依法统一受偿，其对债务人享有的债权利息应当按照《企业破产法》第46条第2款的规定停止计算。

人民法院受理破产申请后，债权人新提起的要求债务人清偿的民事诉讼，人民法院不予受理，同时告知债权人应当向管理人申报债权。债权人申报债权后，对管理人编制的债权表记载有异议的，可以根据《企业破产法》第58条的规定提起债权确认之诉。

111.【债务人自行管理的条件】重整期间，债务人同时符合下列条件的，经申请，人民法院可以批准债务人在管理人的监督下自行管理财产和营业事务：

(1) 债务人的内部治理机制仍正常运转；
(2) 债务人自行管理有利于债务人继续经营；
(3) 债务人不存在隐匿、转移财产的行为；
(4) 债务人不存在其他严重损害债权人利益的行为。

债务人提出重整申请时可以一并提出自行管理的申请。经人民法院批准由债务人自行管理财产和营业事务的，企业破产法规定的管理人职权中有关财产管理和营业经营的职权应当由债务人行使。

管理人应当对债务人的自行管理行为进行监督。管理人发现债务人存在严重损害债权人利益的行为或者有其他不适宜自行管理情形的，可以申请人民法院作出终止债务人自行管理的决定。人民法院决定终止的，应当通知管理人接管债务人财产和营业事务。债务人有上述行为而管理人未申请人民法院作出终止决定的，债权人等利害关系人可以向人民法院提出申请。

112.【重整中担保物权的恢复行使】重整程序中，要依法平衡保护担保物权人的合法权益和企业重整价值。重整申请受理后，管理人或者自行管理的债务人应当及时确定设定有担保物权的债务人财产是否为重整所必需。如果认为担保物不是重整所必需，管理人或者自行管理的债务人应当及时对担保物进行拍卖或者变卖，拍卖或者变卖担保物所得价款在支付拍卖、变卖费用后优先清偿担保物权人的债权。

在担保物权暂停行使期间，担保物权人根据《企业破产法》第75条的规定向人民法院请求恢复行使担保物权的，人民法院应当自收到恢复行使担保物权申请之日起三十日内作出裁定。经审查，担保物权人的申请不符合第75条的规定，或者虽然符合该条规定但管理人或者自行管理的债务人有证据证明担保物是重整所必需，并且提供与减少价值相应担保或者补偿的，人民法院应当裁定不予批准恢复行使担保物权。担保物权人不服该裁定的，可以自收到裁定书之日起十日内，向作出裁定的人民法院申请复议。人民法院裁定批准行使担保物权的，管理人或者自行管理的债务人应当自收到裁定书之日起十五日内启动对担保物的拍卖或者变卖，拍卖或者变卖担保物所得价款在支付拍卖、变卖费用后优先清偿担保物权人的债权。

113.【重整计划监督期间的管理人报酬及诉讼管辖】要依法确保重整计划的执行和有效监督。重整计划的执行期间和监督期间原则上应当一致。二者不一致的，人民法院在确定和调整重整程序中的管理人报酬方案时，应当根据重整期间和重整计划监督期间管理人工作量的不同予以区别对待。其中，重整期间的管理人报酬应当根据管理人对重整发挥的实际作用等因素予以确定和支付；重整计划监督期间管理人报酬的支付比例和支付时间，应当根据管理人监督职责的履行情况，与债权人按照重整计划实际受偿比例和受偿时间相匹配。

重整计划执行期间，因重整程序终止后新发生的事实或者事件引发的有关债务人的民事诉讼，不适用《企业破产法》第21条有关集中管辖的规定。除重整计划有明确约定外，上述纠纷引发的诉讼，不再由管理人代表债务人进行。

114.【重整程序与破产清算程序的衔接】重整期间或者重整计划执行期间，债务人因法定事由被宣告破产的，人民法院不再另立新的案号，原重整程序的管理人原则上应当继续履行破产清算程序中的职责。原重整程序的管理人不能继续履行职责或者不适宜继续担任管理人的，人民法院应当依法重新指定管理人。

重整程序转破产清算案件中的管理人报酬，应当综合管理人为重整工作和清算工作分别发挥的实际作用等因素合理确定。重整期间因法定事由转入破产清算程序的，应当按照破产清算案件确定管理人报酬。重整计划执行期间因法定事由转入破产清算程序的，后续破产清算阶段的管理人报酬应当根据管理人实际工作量予以确定，不能简单根据债务人最终清偿的财产价值总额计算。

重整程序因人民法院裁定批准重整计划草案而终止的，重整案件可作结案处理。重整计划执行完毕后，人民法院可以根据管理人等利害关系人申请，作出重整程序终结的裁定。

115.【庭外重组协议效力在重整程序中的延伸】继续完善庭外重组与庭内重整的衔接机制，降低制度性成本，提高破产制度效率。人民法院受理重整申请前，债务人和部分债权人已经达成的有关协议与重整程序中制作的重整计划草案内容一致的，有关债权人对该协议的同意视为对该重整计划草案表决的同意。但重整计划草案对协议内容进行了修改并对有关债权人有不利影响，或者与有关债权人重大利益相关的，受到影响的债权人有权按照企业破产法的规定对重整计划草案重新进行表决。

116.【审计、评估等中介机构的确定及责任】要合理区分人民法院和管理人在委托审计、评估等财产管理工作中的职责。破产程序中确实需要聘请中介机构对债务人财产进行审计、评估的，根据《企业破产法》第28条的规定，经人民法院许可后，管理人可以自行公开聘请，但是应当对其聘请的中介机构的相关行为进行监督。上述中介机构因不当履行职责给债务人、债权人或者第三人造成损害的，应当承担赔偿责任。管理人在聘用过程中存在过错的，应当在其过错范围内承担相应的补充赔偿责任。

117.【公司解散清算与破产清算的衔接】要依法区分公司解散清算与破产清算的不同功能和不同适用条件。债务人同时符合破产清算条件和强制清算条件的，应当及时适用破产清算程序实现对债权人利益的公平保护。债权人对符合破产清算条件的债务人提起公司强制清算申请，经人民法院释明，债权人仍然坚持申请对债务人强制清算的，人民法院应当裁定不予受理。

118.【无法清算案件的审理与责任承担】人民法院在审理债务人相关人员下落不明或者财产状况不清的破产案件时，应当充分贯彻债权人利益保护原则，避免债务人通过破产程序不当损害债权人利益，同时也要避免不当突破股东有限责任原则。

人民法院在适用《最高人民法院关于债权人对人员下落不明或者财产状况不清的债务人申请破产清算案件如何处理的批复》第3款的规定，判定债务人相关人员承担责任时，应当依照企业破产法的相关规定来确定相关主体的义务内容和责任范围，不得根据公司法司法解释（二）第18条第2款的规定来判定相关主体的责任。

上述批复第3款规定的"债务人的有关人员不履行法定义务，人民法院可依据有关法律规定追究其相应法律责任"，系指债务人的法定代表人、财务管理人员和其他经营管理人员不履行《企业破产法》第15条规定的配合清算义务，人民法院可以根据《企业破产法》第126条、第127条追究其相应法律责任，或者参照《民事诉讼法》第111条的规定，依法拘留，构成犯罪的，依法追究刑事责任；债务人的法定代表人或者实际控制人不配合清算的，人民法院可以依据《出境入境管理法》第12条的规定，对其作出不准出境的决定，以确保破产程序顺利进行。

上述批复第3款规定的"其行为导致无法清算或者造成损失"，系指债务人的有关人员不配合清算的行为导致债务人财产状况不明，或者依法负有清算责任的人未依照《企业破产法》第7条第3款的规定及时履行破产申请义务，导致债务人主要财产、账册、重要文件等灭失，致使管理人无法执行清算职务，给债权人利益造成损害。"有关权利人起诉请求其承担相应民事责任"，系指管理人请求上述主体承担相应损害赔偿责任并将因此获得的赔偿归入债务人财产。管理人未主张上述赔偿，个别债权人可以代表全体债权人提起上述诉讼。

上述破产清算案件被裁定终结后，相关主体以债务人主要财产、账册、重要文件等重新出现为由，申请对破产清算程序启动审判监督的，人民法院不予受理，但符合《企业破产法》第123条规定的，债权人可以请求人民法院追加分配。

全国法院破产审判工作会议纪要

(2018年3月4日 法〔2018〕53号)

为落实党的十九大报告提出的贯彻新发展理念、建设现代化经济体系的要求,紧紧围绕高质量发展这条主线,服务和保障供给侧结构性改革,充分发挥人民法院破产审判工作在完善社会主义市场经济主体拯救和退出机制中的积极作用,为决胜全面建成小康社会提供更加有力的司法保障,2017年12月25日,最高人民法院在广东省深圳市召开了全国法院破产审判工作会议。各省、自治区、直辖市高级人民法院、设立破产审判庭的市中级人民法院的代表参加了会议。与会代表经认真讨论,对人民法院破产审判涉及的主要问题达成共识。现纪要如下:

一、破产审判的总体要求

会议认为,人民法院要坚持以习近平新时代中国特色社会主义经济思想为指导,深刻认识破产法治对决胜全面建成小康社会的重要意义,以更加有力的举措开展破产审判工作,为经济社会持续健康发展提供更加有力的司法保障。当前和今后一个时期,破产审判工作总的要求是:

一要发挥破产审判功能,助推建设现代化经济体系。人民法院要通过破产工作实现资源重新配置,用好企业破产中权益、经营管理、资产、技术等重大调整的有利契机,对不同企业分类处置,把科技、资本、劳动力和人力资源等生产要素调动好、配置好、协同好,促进实体经济和产业体系优质高效。

二要着力服务构建新的经济体制,完善市场主体救治和退出机制。要充分运用重整、和解法律手段实现市场主体的有效救治,帮助企业提质增效;运用清算手段促使丧失经营价值的企业和产能及时退出市场，实现优胜劣汰，从而完善社会主义市场主体的救治和退出机制。

三要健全破产审判工作机制，最大限度释放破产审判的价值。要进一步完善破产重整企业识别、政府与法院协调、案件信息沟通、合法有序的利益衡平四项破产审判工作机制，推动破产审判工作良性运行，彰显破产审判工作的制度价值和社会责任。

四要完善执行与破产工作的有序衔接，推动解决"执行难"。要将破产审判作为与立案、审判、执行既相互衔接、又相对独立的一个重要环节，充分发挥破产审判对化解执行积案的促进功能，消除执行转破产的障碍，从司法工作机制上探索解决"执行难"的有效途径。

二、破产审判的专业化建设

审判专业化是破产审判工作取得实质性进展的关键环节。各级法院要大力加强破产审判专业化建设，努力实现审判机构专业化、审判队伍专业化、审判程序规范化、裁判规则标准化、绩效考评科学化。

1. 推进破产审判机构专业化建设。省会城市、副省级城市所在地中级人民法院要根据最高人民法院《关于在中级人民法院设立清算与破产审判庭的工作方案》（法〔2016〕209号），抓紧设立清算与破产审判庭。其他各级法院可根据本地工作实际需求决定设立清算与破产审判庭或专门的合议庭，培养熟悉清算与破产审判的专业法官，以适应破产审判工作的需求。

2. 合理配置审判任务。要根据破产案件数量、案件难易程度、审判力量等情况，合理分配各级法院的审判任务。对于债权债务关系复杂、审理难度大的破产案件，高级人民法院可以探索实行中级人民法院集中管辖为原则、基层人民法院管辖为例外的管辖制度；对于债权债务关系简单、审理难度不大的破产案件，可以主要由基层人民法院管辖，通过快速审理程序高效审结。

3. 建立科学的绩效考评体系。要尽快完善清算与破产审判工作绩效考评体系，在充分尊重司法规律的基础上确定绩效考评标准，避免将办理清算破产案件与普通案件简单对比、等量齐观、同等考核。

三、管理人制度的完善

管理人是破产程序的主要推动者和破产事务的具体执行者。管理人的能力和素质不仅影响破产审判工作的质量，还关系到破产企业的命运与未来发展。要加快完善管理人制度，大力提升管理人职业素养和执业能力，强化对管理人的履职保障和有效监督，为改善企业经营、优化产业结构提供有力制度保障。

4. 完善管理人队伍结构。人民法院要指导编入管理人名册的中介机构采取适当方式吸收具有专业技术知识、企业经营能力的人员充实到管理人队伍中来，促进管理人队伍内在结构更加合理，充分发挥和提升管理人在企业病因诊断、资源整合等方面的重要作用。

5. 探索管理人跨区域执业。除从本地名册选择管理人外，各地法院还可以探索从外省、市管理人名册中选任管理人，确保重大破产案件能够遴选出最佳管理人。两家以上具备资质的中介机构请求联合担任同一破产案件管理人的，人民法院经审查符合自愿协商、优势互补、权责一致要求且确有必要的，可以准许。

6. 实行管理人分级管理。高级人民法院或者自行编制管理人名册的中级人民法院可以综合考虑管理人的专业水准、工作经验、执业操守、工作绩效、勤勉程度等因素，合理确定管理人等级，对管理人实行分级管理、定期考评。对债务人财产数量不多、债权债务关系简单的破产案件，可以在相应等级的管理人中采取轮候、抽签、摇号等随机方式指定管理人。

7. 建立竞争选定管理人工作机制。破产案件中可以引入竞争机制选任管理人，提升破产管理质量。上市公司破产案件、在本地有重大影响的破产案件或者债权债务关系复杂，涉及债权人、职工以及利害关系人人数较多的破产案件，在指定管理人时，一般应当通过竞争方式依法选定。

8. 合理划分法院和管理人的职能范围。人民法院应当支持和保障管理人依法履行职责，不得代替管理人作出本应由管理人自己作出的决定。管理人应当依法管理和处分债务人财产，审慎决定债务人内部管理事务，不得将自己的职责全部或者部分转让给他人。

9. 进一步落实管理人职责。在债务人自行管理的重整程序中，人民法院要督促管理人制订监督债务人的具体制度。在重整计划规定的监督期内，管理人应当代表债务人参加监督期开始前已经启动而尚未终结的诉讼、仲裁活动。重整程序、和解程序转入破产清算程序后，管理人应当按照破产清算程序继续履行管理人职责。

10. 发挥管理人报酬的激励和约束作用。人民法院可以根据破产案件的不同情况确定管理人报酬的支付方式，发挥管理人报酬在激励、约束管理人勤勉履职方面的积极作用。管理人报酬原则上应当根据破产案件审理进度和管理人履职情况分期支付。案情简单、耗时较短的破产案件，可以在破产程序终结后一次性向管理人支付报酬。

11. 管理人聘用其他人员费用负担的规制。管理人经人民法院许可聘用企业经营管理人员，或者管理人确有必要聘请其他社会中介机构或人员处理重大诉讼、仲裁、执行或审计等专业性较强工作，如所需费用需要列入破产费用的，应当经债权人会议同意。

12. 推动建立破产费用的综合保障制度。各地法院要积极争取财政部门支持，或采取从其他破产案件管理人报酬中提取一定比例等方式，推动设立破产费用保障资金，建立破产费用保障长效机制，解决因债务人财产不足以支付破产费用而影响破产程序启动的问题。

13. 支持和引导成立管理人协会。人民法院应当支持、引导、推动本辖区范围内管理人名册中的社会中介机构、个人成立管理人协会，加强对管理人的管理和约束，维护管理人的合法权益，逐步形成规范、稳定和自律的行业组织，确保管理人队伍既充满活力又规范有序发展。

四、破产重整

会议认为，重整制度集中体现了破产法的拯救功能，代表了现代破产法的发展趋势，全国各级法院要高度重视重整工作，妥善审理企业重整案件，通过市场化、法治化途径挽救困境企业，不断完善社会主义市场主体救治机制。

14. 重整企业的识别审查。破产重整的对象应当是具有挽救价值和可能的困境企业；对于僵尸企业，应通过破产清算，果断实现市场出清。人民法院在审查重整申请时，根据债务人的资产状况、技术工艺、生产销售、行业前景等因素，能够认定债务人明显不具备重整价值以及拯救可能性的，应裁定不予受理。

15. 重整案件的听证程序。对于债权债务关系复杂、债务规模较大，或者涉及上市公司重整的案件，人民法院在审查重整申请时，可以组织申请人、被申请人听证。债权人、出资人、重整投资人等利害关系人经人民法院准许，也可以参加听证。听证期间不计入重整申请审查期限。

16. 重整计划的制定及沟通协调。人民法院要加强与管理人或债务人的沟通，引导其分析债务人陷于困境的原因，有针对性地制定重整计划草案，促使企业重新获得盈利能力，提高重整成功率。人民法院要与政府建立沟通协调机制，帮助管理人或债务人解决重整计划草案制定中的困难和问题。

17. 重整计划的审查与批准。重整不限于债务减免和财务调整，重整的重点是维持企业的营运价值。人民法院在审查重整计划时，除合法性审查外，还应审查其中的经营方案是否具有可行性。重整计划中关于企业重新获得盈利能力的经营方案具有可行性、表决程序合法、内容不损害各表决组中反对者的清偿利益的，人民法院应当自收到申请之日起三十日内裁定批准重整计划。

18. 重整计划草案强制批准的条件。人民法院应当审慎适用企业破产法第八十七条第二款，不得滥用强制批准权。确需强制批准重整计划草案的，重整计划草案除应当符合企业破产法第八十七条第二款规定外，如债权人分多组的，还应当至少有一组已经通过重整计划草案，且各表决组中反对者能够获得的清偿利益不低于依照破产清算程序所能获得的利益。

19. 重整计划执行中的变更条件和程序。债务人应严格执行重整计划，但因出现国家政策调整、法律修改变化等特殊情况，导致原重整计划无法执行的，债务人或管理人可以申请变更重整计划一次。债权人会议决议同意变更重整计划的，应自决议通过之日起十日内提请人民法院批准。债权人会议决议不同意或者人民法院不批准变更申请的，人民法院经管理人或者利害关系人请求，应当裁定终止重整计划的执行，并宣告债务人破产。

20. 重整计划变更后的重新表决与裁定批准。人民法院裁定同意变更重整计划的，债务人或者管理人应当在六个月内提出新的重整计划。变更后的重整计划应提交给因重整计划变更而遭受不利影响的债权人组和出资人组进行表决。表决、申请人民法院批准以及人民法院裁定是否批准的程序与原重整计划的相同。

21. 重整后企业正常生产经营的保障。企业重整后，投资主体、股权结构、公司治理模式、经营方式等与原企业相比，往往发生了根本变化，人民法院要通过加强与政府的沟通协调，帮助重整企业修复信用记录，依法获取税收优惠，以利于重整企业恢复正常生产经营。

22. 探索推行庭外重组与庭内重整制度的衔接。在企业进入重整程序之前，可以先由债权人与债务人、出资人等利害关系人通过庭外商业谈判，拟定重组方案。重整程序启动后，可以重组方案为依据拟定重整计划草案提交人民法院依法审查批准。

五、破产清算

会议认为，破产清算作为破产制度的重要组成部分，具有淘汰落后产能、优化市场资源配置的直接作用。对于缺乏拯救价值和可能性的债务人，要及时通过破产清算程序对债权债务关系进行全面清理，重新配置社会资源，提升社会有效供给的质量和水平，增强企业破产法对市场经济发展的引领作用。

23. 破产宣告的条件。人民法院受理破产清算申请后，第一次债权人会议上无人提出重整或和解申请的，管理人应当在债权审核确认和必要的审计、资产评估后，及时向人民法院提出宣告破产的申请。人民法院受理破产和解或重整申请后，债务人出现应当宣告破产的法定原因时，人民法院应当依法宣告债务人破产。

24. 破产宣告的程序及转换限制。相关主体向人民法院提出宣告破产申请的，人民法院应当自收到申请之日起七日内作出破产宣告裁定并进行公告。债务人被宣告破产后，不得再转入重整程序或和解程序。

25. 担保权人权利的行使与限制。在破产清算和破产和解程序中，对债务人特定财产享有担保权的债权人可以随时向管理人主张就该特定财产变价处置行使优先受偿权，管理人应及时变价处置，不得以须经债权人会议决议等为由拒绝。但因单独处置担保财产会降低其他破产财产的价值而应整体处置的除外。

26. 破产财产的处置。破产财产处置应当以价值最大化为原则，兼顾处置效率。人民法院要积极探索更为有效的破产财产处置方式和渠道，最大限度提升破产财产变价率。采用拍卖方式进行处置的，拍卖所得预计不足以支付评估拍卖费用，或者拍卖不成的，经债权人会议决议，可以采取作价变卖或实物分配方式。变卖或实物分配的方案经债权人会议两次表决仍未通过的，由人民法院裁定处理。

27. 企业破产与职工权益保护。破产程序中要依法妥善处理劳动关系，推动完善职工欠薪保障机制，依法保护职工生存权。由第三方垫付的职工债权，原则上按照垫付的职工债权性质进行清偿；由欠薪保障基金垫付的，应按照企业破产法第一百一十三条第一款第二项的顺序清偿。债务人欠缴的住房公积金，按照债务人拖欠的职工工资性质清偿。

28. 破产债权的清偿原则和顺序。对于法律没有明确规定清偿顺序的债权，人民法院可以按照人身损害赔偿债权优先于财产性债权、私法债权优先于公法债权、补偿性债权优先于惩罚性债权的原则合理确定清偿顺序。因债务人侵权行为造成的人身损害赔偿，可以参照企业破产法第一百一十三条第一款第一项规定的顺序清偿，但其中涉及的惩罚性赔偿除外。破产财产依照企业破产法第一百一十三条规定的顺序清偿后仍有剩余的，可依次用于清偿破产受理前产生的民事惩罚性赔偿金、行政罚款、刑事罚金等惩罚性债权。

29. 建立破产案件审理的繁简分流机制。人民法院审理破产案件应当提升审判效率，在确保利害关系人程序和实体权利不受损害的前提下，建立破产案件审理的繁简分流机制。对于债权债务关系明确、债务人财产状况清楚的破产案件，可以通过缩短程序时间、简化流程等方式加快案件审理进程，但不得突破法律规定的最低期限。

30. 破产清算程序的终结。人民法院终结破产清算程序应当以查明债务人财产状况、明确债务人财产的分配方案、确保破产债权获得依法清偿为基础。破产申请受理后，经管理人调查，债务人财产不足以清偿破产费用且无人代为清偿或垫付的，人民法院应当依管理人申请宣告破产并裁定终结破产清算程序。

31. 保证人的清偿责任和求偿权的限制。破产程序终结前，已向债权人承担了保证责任的保证人，可以要求债务人向其转付已申报债权的债权人在破产程序中应得清偿部分。破产程序终结后，债权人就破产程序中未受清偿部分要求保证人承担保证责任的，应在破产程序终结后六个月内提出。保证人承担保证责任后，不得再向和解或重整后的债务人行使求偿权。

六、关联企业破产

会议认为，人民法院审理关联企业破产案件时，要立足于破产关联企业之间的具体关系模式，采取不同方式予以处理。既要通过实质合并审理方式处理法人人格高度混同的关联关系，确保全体债权人公平清偿，也要避免不当采用实质合并审理方式损害相关利益主体的合法权益。

32. 关联企业实质合并破产的审慎适用。人民法院在审理企业破产案件时，应当尊重企业法人人格的独立性，以对关联企业成员的破产原因进行单独判断并适用单个破产程序为基本原则。当关联企业成员之间存在法人人格高度混同、区分各关联企业成员财产的成本过高、严重损害债权人公平清偿利益时，可例外适用关联企业实质合并破产方式进行审理。

33. 实质合并申请的审查。人民法院收到实质合并申请后，应当及时通知相关利害关系人并组织听证，听证时间不计入审查时间。人民法院在审查实质合并申请过程中，可以综合考虑关联企业之间资产的混同程度及其持续时间、各企业之间的利益关系、债权人整体清偿利益、增加企业重整的可能性等因素，在收到申请之日起三十日内作出是否实质合并审理的裁定。

34. 裁定实质合并时利害关系人的权利救济。相关利害关系人对受理法院作出的实质合并审理裁定不服的，可以自裁定书送达之日起十五日内向受理法院的上一级人民法院申请复议。

35. 实质合并审理的管辖原则与冲突解决。采用实质合并方式审理关联企业破产案件的，应由关联企业中的核心控制企业住所地人民法院管辖。核心控制企业不明确的，由关联企业主要财产所在地人民法院管辖。多个法院之间对管辖权发生争议的，应当报请共同的上级人民法院指定管辖。

36. 实质合并审理的法律后果。人民法院裁定采用实质合并方式审理破产案件的,各关联企业成员之间的债权债务归于消灭,各成员的财产作为合并后统一的破产财产,由各成员的债权人在同一程序中按照法定顺序公平受偿。采用实质合并方式进行重整的,重整计划草案中应当制定统一的债权分类、债权调整和债权受偿方案。

37. 实质合并审理后的企业成员存续。适用实质合并规则进行破产清算的,破产程序终结后各关联企业成员均应予以注销。适用实质合并规则进行和解或重整的,各关联企业原则上应当合并为一个企业。根据和解协议或重整计划,确有需要保持个别企业独立的,应当依照企业分立的有关规则单独处理。

38. 关联企业破产案件的协调审理与管辖原则。多个关联企业成员均存在破产原因但不符合实质合并条件的,人民法院可根据相关主体的申请对多个破产程序进行协调审理,并可根据程序协调的需要,综合考虑破产案件审理的效率、破产申请的先后顺序、成员负债规模大小、核心控制企业住所地等因素,由共同的上级法院确定一家法院集中管辖。

39. 协调审理的法律后果。协调审理不消灭关联企业成员之间的债权债务关系,不对关联企业成员的财产进行合并,各关联企业成员的债权人仍以该企业成员财产为限依法获得清偿。但关联企业成员之间不当利用关联关系形成的债权,应当劣后于其他普通债权顺序清偿,且该劣后债权人不得就其他关联企业成员提供的特定财产优先受偿。

七、执行程序与破产程序的衔接

执行程序与破产程序的有效衔接是全面推进破产审判工作的有力抓手,也是破解"执行难"的重要举措。全国各级法院要深刻认识执行转破产工作的重要意义,大力推动符合破产条件的执行案件,包括执行不能案件进入破产程序,充分发挥破产程序的制度价值。

40. 执行法院的审查告知、释明义务和移送职责。执行部门要高度重视执行与破产的衔接工作，推动符合条件的执行案件向破产程序移转。执行法院发现作为被执行人的企业法人符合企业破产法第二条规定的，应当及时询问当事人是否同意将案件移送破产审查并释明法律后果。执行法院作出移送决定后，应当书面通知所有已知执行法院，执行法院均应中止对被执行人的执行程序。

41. 执行转破产案件的移送和接收。执行法院与受移送法院应加强移送环节的协调配合，提升工作实效。执行法院移送案件时，应当确保材料完备，内容、形式符合规定。受移送法院应当认真审核并及时反馈意见，不得无故不予接收或暂缓立案。

42. 破产案件受理后查封措施的解除或查封财产的移送。执行法院收到破产受理裁定后，应当解除对债务人财产的查封、扣押、冻结措施；或者根据破产受理法院的要求，出具函件将查封、扣押、冻结财产的处置权交破产受理法院。破产受理法院可以持执行法院的移送处置函件进行续行查封、扣押、冻结，解除查封、扣押、冻结，或者予以处置。

执行法院收到破产受理裁定拒不解除查封、扣押、冻结措施的，破产受理法院可以请求执行法院的上级法院依法予以纠正。

43. 破产审判部门与执行部门的信息共享。破产受理法院可以利用执行查控系统查控债务人财产，提高破产审判工作效率，执行部门应予以配合。

各地法院要树立线上线下法律程序同步化的观念，逐步实现符合移送条件的执行案件网上移送，提升移送工作的透明度，提高案件移送、通知、送达、沟通协调等相关工作的效率。

44. 强化执行转破产工作的考核与管理。各级法院要结合工作实际建立执行转破产工作考核机制，科学设置考核指标，推动执行转破产工作开展。对应当征询当事人意见不征询、应当提交移送审查不提交、受移送法院违反相关规定拒不接收执行转破产材料或者拒绝立案的，除应当纳入绩效考核和业绩考评体系外，还应当公开通报和严肃追究相关人员的责任。

八、破产信息化建设

会议认为，全国法院要进一步加强破产审判的信息化建设，提升破产案件审理的透明度和公信力，增进破产案件审理质效，促进企业重整再生。

45. 充分发挥破产重整案件信息平台对破产审判工作的推动作用。各级法院要按照最高人民法院相关规定，通过破产重整案件信息平台规范破产案件审理，全程公开、步步留痕。要进一步强化信息网的数据统计、数据检索等功能，分析研判企业破产案件情况，及时发现新情况，解决新问题，提升破产案件审判水平。

46. 不断加大破产重整案件的信息公开力度。要增加对债务人企业信息的公开内容，吸引潜在投资者，促进资本、技术、管理能力等要素自由流动和有效配置，帮助企业重整再生。要确保债权人等利害关系人及时、充分了解案件进程和债务人相关财务、重整计划草案、重整计划执行等情况，维护债权人等利害关系人的知情权、程序参与权。

47. 运用信息化手段提高破产案件处理的质量与效率。要适应信息化发展趋势，积极引导以网络拍卖方式处置破产财产，提升破产财产处置效益。鼓励和规范通过网络方式召开债权人会议，提高效率，降低破产费用，确保债权人等主体参与破产程序的权利。

48. 进一步发挥人民法院破产重整案件信息网的枢纽作用。要不断完善和推广使用破产重整案件信息网，在确保增量数据及时录入信息网的同时，加快填充有关存量数据，确立信息网在企业破产大数据方面的枢纽地位，发挥信息网的宣传、交流功能，扩大各方运用信息网的积极性。

九、跨境破产

49. 对跨境破产与互惠原则。人民法院在处理跨境破产案件时，要妥善解决跨境破产中的法律冲突与矛盾，合理确定跨境破产案件中的管辖权。在坚持同类债权平等保护的原则下，协调好外国债权人利益与我国债权人利益的平衡，合理保护我国境内职工债权、税收债权等优先权的清偿利益。积极参与、推动跨境破产国际条约的协商与签订，探索互惠原则适用的新方式，加强我国法院和管理人在跨境破产领域的合作，推进国际投资健康有序发展。

50. 跨境破产案件中的权利保护与利益平衡。依照企业破产法第五条的规定，开展跨境破产协作。人民法院认可外国法院作出的破产案件的判决、裁定后，债务人在中华人民共和国境内的财产在全额清偿境内的担保权人、职工债权和社会保险费用、所欠税款等优先权后，剩余财产可以按照该外国法院的规定进行分配。

最高人民法院关于审理公司强制清算案件工作座谈会纪要

(2009年11月4日 法发〔2009〕52号)

当前，因受国际金融危机和世界经济衰退影响，公司经营困难引发的公司强制清算案件大幅度增加。《中华人民共和国公司法》和《最高人民法院关于适用〈中华人民共和国公司法〉若干问题的规定（二）》（以下简称公司法司法解释二）对于公司强制清算案件审理中的有关问题已作出规定，但鉴于该类案件非讼程序的特点和目前清算程序规范的不完善，有必要进一步明确该类案件审理原则，细化有关程序和实体规定，更好地规范公司退出市场行为，维护市场运行秩序，依法妥善审理公司强制清算案件，维护和促进经济社会和谐稳定。为此，最高人民法院在广泛调研的基础上,于2009年9月15日至16日在浙江省绍兴市召开了全国部分法院审理公司强制清算案件工作座谈会。与会同志通过认真讨论,就有关审理公司强制清算案件中涉及的主要问题达成了共识。现纪要如下:

一、关于审理公司强制清算案件应当遵循的原则

1. 会议认为,公司作为现代企业的主要类型,在参与市场竞争时,不仅要严格遵循市场准入规则,也要严格遵循市场退出规则。公司强制清算作为公司退出市场机制的重要途径之一,是公司法律制度的重要组成部分。人民法院在审理此类案件时,应坚持以下原则:

第一,坚持清算程序公正原则。公司强制清算的目的在于有序结束公司存续期间的各种商事关系,合理调整众多法律主体的利益,维护正常的经济秩序。人民法院审理公司强制清算案件,应当严格依照法定程序进行,坚持在程序正义的基础上实现清算结果的公正。

第二,坚持清算效率原则。提高社会经济的整体效率,是公司强制清算制度追求的目标之一,要严格而不失快捷地使已经出现解散事由的公司退出市场,将其可能给各方利益主体造成的损失降至最低。人民法院审理强制清算案件,要严格按照法律规定及时有效地完成清算,保障债权人、股东等利害关系人的利益及时得到实现,避免因长期拖延清算给相关利害关系人造成不必要的损失,保障社会资源的有效利用。

第三,坚持利益均衡保护原则。公司强制清算中应当以维护公司各方主体利益平衡为原则,实现公司退出环节中的公平公正。人民法院在审理公司强制清算案件时,既要充分保护债权人利益,又要兼顾职工利益、股东利益和社会利益,妥善处理各方利益冲突,实现法律效果和社会效果的有机统一。

二、关于强制清算案件的管辖

2. 对于公司强制清算案件的管辖应当分别从地域管辖和级别

管辖两个角度确定。地域管辖法院应为公司住所地的人民法院，即公司主要办事机构所在地法院；公司主要办事机构所在地不明确、存在争议的，由公司注册登记地人民法院管辖。级别管辖应当按照公司登记机关的级别予以确定，即基层人民法院管辖县、县级市或者区的公司登记机关核准登记公司的公司强制清算案件；中级人民法院管辖地区、地级市以上的公司登记机关核准登记公司的公司强制清算案件。存在特殊原因的，也可参照适用《中华人民共和国企业破产法》第四条、《中华人民共和国民事诉讼法》第三十七条和第三十九条的规定，确定公司强制清算案件的审理法院。

三、关于强制清算案件的案号管理

3. 人民法院立案庭收到申请人提交的对公司进行强制清算的申请后，应当及时以"（××××）××法×清（预）字第×号"立案。立案庭立案后，应当将申请人提交的申请等有关材料移交审理强制清算案件的审判庭审查，并由审判庭依法作出是否受理强制清算申请的裁定。

4. 审判庭裁定不予受理强制清算申请的，裁定生效后，公司强制清算案件应当以"（××××）××法×清（预）字第×号"结案。审判庭裁定受理强制清算申请的，立案庭应当以"（××××）××法×清（算）字第×号"立案。

5. 审判庭裁定受理强制清算申请后，在审理强制清算案件中制作的民事裁定书、决定书等，应当在"（××××）××法×清（算）字第×号"后依次编号，如"（××××）××法×清（算）字第×-1号民事裁定书"、"（××××）××法×清（算）字第×-2号民事裁定书"等，或者"（××××）××法×清（算）字第×-1号决定书"、"（××××）××法×清（算）字第×-2号决定书"等。

四、关于强制清算案件的审判组织

6. 因公司强制清算案件在案件性质上类似于企业破产案件，因此强制清算案件应当由负责审理企业破产案件的审判庭审理。

有条件的人民法院，可由专门的审判庭或者指定专门的合议庭审理公司强制清算案件和企业破产案件。公司强制清算案件应当组成合议庭进行审理。

五、关于强制清算的申请

7. 公司债权人或者股东向人民法院申请强制清算应当提交清算申请书。申请书应当载明申请人、被申请人的基本情况和申请的事实和理由。同时，申请人应当向人民法院提交被申请人已经发生解散事由以及申请人对被申请人享有债权或者股权的有关证据。公司解散后已经自行成立清算组进行清算，但债权人或者股东以其故意拖延清算，或者存在其他违法清算可能严重损害债权人或者股东利益为由，申请人民法院强制清算的，申请人还应当向人民法院提交公司故意拖延清算，或者存在其他违法清算行为可能严重损害其利益的相应证据材料。

8. 申请人提交的材料需要更正、补充的，人民法院应当责令申请人于七日内予以更正、补充。申请人由于客观原因无法按时更正、补充的，应当向人民法院予以书面说明并提出延期申请，由人民法院决定是否延长期限。

六、关于对强制清算申请的审查

9. 审理强制清算案件的审判庭审查决定是否受理强制清算申请时，一般应当召开听证会。对于事实清楚、法律关系明确、证据确实充分的案件，经书面通知被申请人，其对书面审查方式无异议的，也可决定不召开听证会，而采用书面方式进行审查。

10. 人民法院决定召开听证会的，应当于听证会召开五日前通知申请人、被申请人，并送达相关申请材料。公司股东、实际控制人等利害关系人申请参加听证的，人民法院应予准许。听证会中，人民法院应当组织有关利害关系人对申请人是否具备申请资格、被申请人是否已经发生解散事由、强制清算申请是否符合法律规定等内容进行听证。因补充证据等原因需要再次召开听证会的,应在补充期限届满后十日内进行。

11. 人民法院决定不召开听证会的,应当及时通知申请人和被申请人,并向被申请人送达有关申请材料,同时告知被申请人若对申请人的申请有异议,应当自收到人民法院通知之日起七日内向人民法院书面提出。

七、关于对强制清算申请的受理

12. 人民法院应当在听证会召开之日或者自异议期满之日起十日内,依法作出是否受理强制清算申请的裁定。

13. 被申请人就申请人对其是否享有债权或者股权,或者对被申请人是否发生解散事由提出异议的,人民法院对申请人提出的强制清算申请应不予受理。申请人可就有关争议单独提起诉讼或者仲裁予以确认后,另行向人民法院提起强制清算申请。但对上述异议事项已有生效法律文书予以确认,以及发生被吊销企业法人营业执照、责令关闭或者被撤销等解散事由有明确、充分证据的除外。

14. 申请人提供被申请人自行清算中故意拖延清算,或者存在其他违法清算可能严重损害债权人或者股东利益的相应证据材料后,被申请人未能举出相反证据的,人民法院对申请人提出的强制清算申请应予受理。债权人申请强制清算,被申请人的主要财产、账册、重要文件等灭失,或者被申请人人员下落不明,导致无法清算的,人民法院不得以此为由不予受理。

15. 人民法院受理强制清算申请后,经审查发现强制清算申请不符合法律规定的,可以裁定驳回强制清算申请。

16. 人民法院裁定不予受理或者驳回受理申请,申请人不服的,可以向上一级人民法院提起上诉。

八、关于强制清算申请的撤回

17. 人民法院裁定受理公司强制清算申请前,申请人请求撤回其申请的,人民法院应予准许。

18. 公司因公司章程规定的营业期限届满或者公司章程规定

的其他解散事由出现，或者股东会、股东大会决议自愿解散的，人民法院受理强制清算申请后，清算组对股东进行剩余财产分配前，申请人以公司修改章程，或者股东会、股东大会决议公司继续存续为由，请求撤回强制清算申请的，人民法院应予准许。

19. 公司因依法被吊销营业执照、责令关闭或者被撤销，或者被人民法院判决强制解散的，人民法院受理强制清算申请后，清算组对股东进行剩余财产分配前，申请人向人民法院申请撤回强制清算申请的，人民法院应不予准许。但申请人有证据证明相关行政决定被撤销，或者人民法院作出解散公司判决后当事人又达成公司存续和解协议的除外。

九、关于强制清算案件的申请费

20. 参照《诉讼费用交纳办法》第十条、第十四条、第二十条和第四十二条关于企业破产案件申请费的有关规定，公司强制清算案件的申请费以强制清算财产总额为基数，按照财产案件受理费标准减半计算，人民法院受理强制清算申请后从被申请人财产中优先拨付。因财产不足以清偿全部债务，强制清算程序依法转入破产清算程序的，不再另行计收破产案件申请费；按照上述标准计收的强制清算案件申请费超过30万元的，超过部分不再收取，已经收取的，应予退还。

21. 人民法院裁定受理强制清算申请前，申请人请求撤回申请，人民法院准许的，强制清算案件的申请费不再从被申请人财产中予以拨付，人民法院受理强制清算申请后，申请人请求撤回申请，人民法院准许的，已经从被申请人财产中优先拨付的强制清算案件申请费不予退回。

十、关于强制清算清算组的指定

22. 人民法院受理强制清算案件后，应当及时指定清算组成员。公司股东、董事、监事、高级管理人员能够而且愿意参加清算的，人民法院可优先考虑指定上述人员组成清算组；上述人员不能、不愿进行清算，或者由其负责清算不利于清算依法进行的，人民法院可以指定《人民法院中介机构管理人名册》和《人民法院个人管理人名册》中的中介机构或者个人组成清算组；人民法院也可根据实际需要，指定公司股东、董事、监事、高级管理人员，与管理人名册中的中介机构或者个人共同组成清算组。人民法院指定管理人名册中的中介机构或者个人组成清算组，或者担任清算组成员的，应当参照适用《最高人民法院关于审理企业破产案件指定管理人的规定》。

23. 强制清算清算组成员的人数应当为单数。人民法院指定清算组成员的同时，应当根据清算组成员的推选，或者依职权，指定清算组负责人。清算组负责人代行清算中公司诉讼代表人职权。清算组成员未依法履行职责的，人民法院应当依据利害关系人的申请，或者依职权及时予以更换。

十一、关于强制清算清算组成员的报酬

24. 公司股东、实际控制人或者股份有限公司的董事担任清算组成员的，不计付报酬。上述人员以外的有限责任公司的董事、监事、高级管理人员，股份有限公司的监事、高级管理人员担任清算组成员的，可以按照其上一年度的平均工资标准计付报酬。

25. 中介机构或者个人担任清算组成员的，其报酬由中介机构或者个人与公司协商确定；协商不成的，由人民法院参照《最高人民法院关于审理企业破产案件确定管理人报酬的规定》确定。

十二、关于强制清算清算组的议事机制

26. 公司强制清算中的清算组因清算事务发生争议的，应当参照公司法第一百一十二条的规定，经全体清算组成员过半数决议通过。与争议事项有直接利害关系的清算组成员可以发表意见，但不得参与投票；因利害关系人回避表决无法形成多数意见的，清算组可以请求人民法院作出决定。与争议事项有直接利害关系的清算组成员未回避表决形成决定的，债权人或者清算组其他成员可以参照公司法第二十二条的规定，自决定作出之日起六十日内，请求人民法院予以撤销。

十三、关于强制清算中的财产保全

27. 人民法院受理强制清算申请后，公司财产存在被隐匿、转移、毁损等可能影响依法清算情形的，人民法院可依清算组或者申请人的申请，对公司财产采取相应的保全措施。

十四、关于无法清算案件的审理

28. 对于被申请人主要财产、账册、重要文件等灭失，或者被申请人人员下落不明的强制清算案件，经向被申请人的股东、董事等直接责任人员释明或采取罚款等民事制裁措施后，仍然无法清算或者无法全面清算，对于尚有部分财产，且依据现有账册、重要文件等，可以进行部分清偿的，应当参照企业破产法的规定，对现有财产进行公平清偿后，以无法全面清算为由终结强制清算程序；对于没有任何财产、账册、重要文件，被申请人人员下落不明的，应当以无法清算为由终结强制清算程序。

29. 债权人申请强制清算，人民法院以无法清算或者无法全面清算为由裁定终结强制清算程序的，应当在终结裁定中载明，债权人可以另行依据公司法司法解释二第十八条的规定，要求被申请人的股东、董事、实际控制人等清算义务人对其债务承担偿还责任。股东申请强制清算，人民法院以无法清算或者无法全面清算为由作出终结强制清算程序的，应当在终结裁定中载明，股东可以向控股股东等实际控制公司的主体主张有关权利。

十五、关于强制清算案件衍生诉讼的审理

30. 人民法院受理强制清算申请前已经开始，人民法院受理强制清算申请时尚未审结的有关被强制清算公司的民事诉讼，由原受理法院继续审理，但应依法将原法定代表人变更为清算组负责人。

31. 人民法院受理强制清算申请后，就强制清算公司的权利义务产生争议的，应当向受理强制清算申请的人民法院提起诉讼，并由清算组负责人代表清算中公司参加诉讼活动。受理强制清算申请的人民法院对此类案件，可以适用民事诉讼法第三十七条和第三十九条的规定确定审理法院。上述案件在受理法院内部各审判庭之间按照业务分工进行审理。人民法院受理强制清算申请后，就强制清算公司的权利义务产生争议，当事人双方就产生争议约定有明确有效的仲裁条款的，应当按照约定通过仲裁方式解决。

十六、关于强制清算和破产清算的衔接

32. 公司强制清算中，清算组在清理公司财产、编制资产负债表和财产清单时，发现公司财产不足清偿债务的，除依据公司法司法解释二第十七条的规定，通过与债权人协商制作有关债务清偿方案并清偿债务的外，应依据公司法第一百八十八条和企业破产法第七条第三款的规定向人民法院申请宣告破产。

33. 公司强制清算中，有关权利人依据企业破产法第二条和第七条的规定向人民法院另行提起破产申请的，人民法院应当依法进行审查。权利人的破产申请符合企业破产法规定的，人民法院应当依法裁定予以受理。人民法院裁定受理破产申请后，应当裁定终结强制清算程序。

34. 公司强制清算转入破产清算后，原强制清算中的清算组由《人民法院中介机构管理人名册》和《人民法院个人管理人名册》中的中介机构或者个人组成或者参加的，除该中介机构或者个人存在与本案有利害关系等不宜担任管理人或者管理人成员的情形外，人民法院可根据企业破产法及其司法解释的规定，指定该中介机构或者个人作为破产案件的管理人，或者吸收该中介机构作为新成立的清算组管理人的成员。上述中介机构或者个人在公司强制清算和破产清算中取得的报酬总额，不应超过按照企业破产计付的管理人或者管理人成员的报酬。

35. 上述中介机构或者个人不宜担任破产清算中的管理人或者管理人的成员的，人民法院应当根据企业破产法和有关司法解释的规定，及时指定管理人。原强制清算中的清算组应当及时将清算事务及有关材料等移交给管理人。公司强制清算中已经完成的清算事项，如无违反企业破产法或者有关司法解释的情形的，在破产清算程序中应承认其效力。

十七、关于强制清算程序的终结

36. 公司依法清算结束，清算组制作清算报告并报人民法院确认后，人民法院应当裁定终结清算程序。公司登记机关依清算组的申请注销公司登记后，公司终止。

37. 公司因公司章程规定的营业期限届满或者公司章程规定的其他解散事由出现，或者股东会、股东大会决议自愿解散的，人民法院受理债权人提出的强制清算申请后，对股东进行剩余财产分配前，公司修改章程、或者股东会、股东大会决议公司继续存续，申请人在其个人债权及他人债权均得到全额清偿后，未撤回申请的，人民法院可以根据被申请人的请求裁定终结强制清算程序，强制清算程序终结后，公司可以继续存续。

十八、关于强制清算案件中的法律文书

38. 审理强制清算的审判庭审理该类案件时，对于受理、不受理强制清算申请、驳回申请人的申请、允许或者驳回申请人撤回申请、采取保全措施、确认清算方案、确认清算终结报告、终结强制清算程序的，应当制作民事裁定书。对于指定或者变更清算组成员、确定清算组成员报酬、延长清算期限、制裁妨碍清算行为的，应当制作决定书。对于其他所涉有关法律文书的制作，可参照企业破产清算中人民法院的法律文书样式。

十九、关于强制清算程序中对破产清算程序的准用

39. 鉴于公司强制清算与破产清算在具体程序操作上的相似性，就公司法、公司法司法解释二，以及本会议纪要未予涉及的情形，如清算中公司的有关人员未依法妥善保管其占有和管理的财产、印章和账簿、文书资料，清算组未及时接管清算中公司的财产、印章和账簿、文书，清算中公司拒不向人民法院提交或者提交不真实的财产状况说明、债务清册、债权清册、有关财务会计报告以及职工工资的支付情况和社会保险费用的缴纳情况，清算中公司拒不向清算组移交财产、印章和账簿、文书等资料，或者伪造、销毁有关财产证据材料而使财产状况不明，股东未缴足出资、抽逃出资，以及公司董事、监事、高级管理人员非法侵占公司财产等，可参照企业破产法及其司法解释的有关规定处理。

二十、关于审理公司强制清算案件中应当注意的问题

40. 鉴于此类案件属于新类型案件，且涉及的法律关系复杂、利益主体众多，人民法院在审理难度大、涉及面广、牵涉社会稳定的重大疑难清算案件时，要在严格依法的前提下，紧紧依靠党委领导和政府支持，充分发挥地方政府建立的各项机制，有效做好维护社会稳定的工作。同时，对于审判实践中发现的新情况、新问题，要及时逐级上报。上级人民法院要加强对此类案件的监督指导，注重深入调查研究，及时总结审判经验，确保依法妥善审理好此类案件。

实用附录

重整制度和和解制度的比较

	重 整	和 解
提起期间	(1) 直接申请； (2) 人民法院受理破产申请后、宣告债务人破产前	(1) 直接申请； (2) 人民法院受理破产申请后、宣告债务人破产前
提起人	(1) 债权人； (2) 债务人； (3) 出资额占债务人注册资本1/10以上的出资人	只有债务人可以提起
表决通过	经出席会议的同一表决组的债权人过半数同意重整计划草案，并且其所代表的债权额占该组债权总额的2/3以上，即为该组通过。各表决组均通过重整计划草案时，即为重整计划通过	由出席会议的有表决权的债权人过半数同意，并且其所代表的债权额占无财产担保债权总额的2/3以上
表决生效	须经人民法院批准	须经人民法院认可
未放弃对债务人特定财产享有担保权的债权人是否享有表决权	享有	不享有
对未放弃对债务人特定财产享有担保权的债权人的效力	有效	无效（和解债权人中不包括该等债权人）
债权人对债务人的保证人和其他连带债务人所享有的权利是否影响	不受影响	不受影响

图书在版编目（CIP）数据

中华人民共和国企业破产法 ：实用版／中国法制出版社编. -- 3 版. -- 北京 ： 中国法制出版社，2024.8.
ISBN 978-7-5216-4680-1

Ⅰ．D922.291.92

中国国家版本馆 CIP 数据核字第 2024M5B498 号

责任编辑：朱丹颖　　　　　　　　　　　　　封面设计：杨泽江

中华人民共和国企业破产法（实用版）
ZHONGHUA RENMIN GONGHEGUO QIYE POCHANFA（SHIYONGBAN）

经销/新华书店
印刷/三河市紫恒印装有限公司
开本/850 毫米×1168 毫米　32 开　　　　　印张/ 9　字数/ 210 千
版次/2024 年 8 月第 3 版　　　　　　　　　2024 年 8 月第 1 次印刷

中国法制出版社出版
书号 ISBN 978-7-5216-4680-1　　　　　　　　定价：28.00 元

北京市西城区西便门西里甲 16 号西便门办公区
邮政编码：100053　　　　　　　　　　　　传真：010-63141600
网址：http：//www.zgfzs.com　　　　　　编辑部电话：010-63141667
市场营销部电话：010-63141612　　　　　　印务部电话：010-63141606

（如有印装质量问题，请与本社印务部联系。）